Der Bericht über das Leben des heiligen Franz von Assisi

Der Bericht über das Leben des heiligen Franz von Assisi oder Der Spiegel der Vollkommenheit

Mit einem Nachwort von Romano Guardini

Kösel-Verlag München

Nach der lateinischen Urschrift übersetzt
von Wolfgang Rüttenauer

CIP-Kurztitelaufnahme der Deutschen Bibliothek

Der **Bericht über das Leben des heiligen Franz von Assisi oder Der Spiegel der Vollkommenheit** / mit e. Nachw. von Romano Guardini. – München : Kösel, 1981.
Einheitssacht.: Speculum perfectionis <dt.>
Frühere Ausg. u. d.T.: Der Spiegel der Vollkommenheit oder der Bericht über das Leben des heiligen Franz von Assisi
ISBN 3-466-20214-0
NE: Guardini, Romano [Nachw.]; EST

ISBN 3-466-20214-0

Umschlag: Günther Oberhauser, München,
unter Verwendung des Bildes »Der weinende Franziskus«
aus der Klosterkirche Greccio/Italien
Druck: fotokop, Darmstadt. Bindung: Kösel, Kempten

INHALT

Achtes Buch

Neuntes Buch

Zehntes Buch

Elftes Buch

Zwölftes Buch

Bemerkung des Übersetzers zum Text

DIE ÄLTESTEN QUELLENSCHRIFTEN ZUM SPECULUM perfectionis des Frater Leo weisen zurück auf das Jahr 1228. Bruder Leo aber, der als der Verfasser genannt wird, kann nach dem neuesten Stande der Franziskanerforschung nur als Mitarbeiter angesehen werden; die Texte sind durch die Zusammenarbeit mehrerer Brüder, die dem engsten Kreis der Vertrauten des heiligen Franziskus angehörten, entstanden, wenn auch ohne Zweifel Bruder Leo, von dem wir wissen, daß er sich tagebuchartige Aufzeichnungen zum Leben des Heiligen gemacht hatte, einen bedeutenden Anteil an dieser Arbeit hat. Die endgültige Fassung, die dem Text die Gestalt gab, in der er uns heute vorliegt, ist auf das Jahr 1318 festzusetzen.

Der Verfasser - oder die Verfasser - haben die deutliche und energische Absicht, das geistliche Erbe des heiligen Franziskus unverfälscht festzustellen und dem Orden zu erhalten; so haben wir in unserm Texte eines der reinsten und ursprünglichsten Dokumente des franziskanischen Geistes, wie Franziskus selber ihn wollte. Nun war aber dem Heiligen schon in der zweiten Hälfte seines Lebens der Orden fast ganz aus der Hand genommen worden, und Kardinal Hugolin, der - wohl mit Recht - einsehen mochte, daß der Geist des heiligen Franziskus allein dem Orden keine Dauer in der Geschichte zu verleihen vermochte, brachte es schließlich in harten, bitteren Kämpfen gegen die strenge Richtung des Ordens dazu, diesem eine der Struktur der alten Orden des heiligen Benedikt und des heiligen Bernhard analoge Verfassung zu geben und ihn so in der Geschichte zu stabilisieren. Naturgemäß schwand damit auch das Interesse an jenen Schriften, die - in mehr oder weniger polemischer Weise - die alten Ideale und Forderungen des Heiligen dem faktischen Zustand gegenüberstellten. So wurde das Franziskusbild des Speculum perfectionis durch die offiziellen Viten des Thomas von Celano und des heiligen Bonaventura verdrängt, und unser Text blieb durch Jahrhunderte vergessen, bis er in den neunziger Jahren des vorigen Jahrhunderts durch den großen Klassiker der Franziskusforschung, Paul Sabatier, auf seiner Suche nach der Legenda trium sociorum entdeckt wurde. 1898 erschien bei Fischbacher, Paris, die erste kritische Textausgabe, der 1928 zu Manchester eine zweite folgte, die im Auftrage der »British Society of Franciscan Studies« gleichfalls von Sabatier besorgt wurde. Es war die letzte Arbeit des großen Gelehrten, und er starb noch kurz vor ihrer Vollendung, so daß sie nach seinem Nachlaß von fremden Händen fertiggestellt werden mußte. Die Manchester-Ausgabe enthält eine Reihe von Zusätzen und Veränderungen im kritischen Apparat und ist auch buchtechnisch weitaus schöner als die Pariser Ausgabe.

Auf diesen beiden Ausgaben fußt unsere Übersetzung, die bemüht war, den alten, ehrwürdigen Text modernen deutschen Ohren zugänglich zu machen und zugleich soweit wie möglich in Tonfall und Satzbau dem Charakter des Originals treu zu bleiben - in der Überzeugung, daß eine maßvolle Fremdartigkeit im Ausdruck, welche die Patina der jahrhundertealten Sätze zu wahren sucht, eher zu rechtfertigen ist, als ein allzu eifriges Bemühen um Modernität. Innerhalb der Grenzen, die jeder Übertragung aus einer fremden Sprache naturgemäß gesetzt sind, ist nichts weggelassen oder hinzugefügt worden; nur ein kleiner Abschnitt, eine Interpolation von späterer Hand, wurde gestrichen.

Hier beginnt der Spiegel der Vollendung vom Stande des Minderen-Bruders

NACHDEM DIE ERSTE REGEL, DIE DER SELIGE FRANZISKUS verfaßt hatte, verloren war, stieg er mit Bruder Leo von Assisi und Bruder Bonitius von Bologna auf einen Berg, um eine andere Regel zu verfassen, die er auf Christi Geheiß aufschreiben ließ.

Es waren aber bei Bruder Elias, dem Vikar des seligen Franziskus, mehrere Provinzialminister versammelt, und sie sprachen zu ihm: »Wir haben gehört, daß der Bruder Franziskus eine neue Regel verfaßt, und wir fürchten, er werde sie so streng machen, daß wir sie nicht zu befolgen vermögen. Wir wünschen also, daß du hingehest zu ihm und ihm sagest, daß wir auf diese Regel nicht verpflichtet sein wollen. Er soll sie für sich und nicht für uns machen.« Bruder Elias erwiderte ihnen, daß er nicht gehen wolle, denn er fürchtete den Tadel des seligen Franziskus. Als aber jene ihm zusetzten, er möge doch gehen, da sagte er, er werde nur mit ihnen hingehen. Und so gingen sie alle zusammen.

Als Bruder Elias dem Ort nahe war, wo der selige Franziskus stand, rief er ihn. Der selige Franziskus aber sah die erwähnten Provinzialminister, erwiderte ihm und sprach: »Was wollen diese Brüder?« Und Bruder Elias sagte: »Das sind die Provinzialminister, die gehört haben, daß du eine neue Regel machst; und weil sie fürchten, du werdest sie allzu streng machen, widersprechen sie dir und weigern sich, denn sie wollen auf diese Regel nicht verpflichtet sein. Du sollst sie für dich machen und nicht für sie.« Da wandte der selige Franziskus sein Angesicht zum Himmel, und also sprach er zu Christus: »Herr, habe ich dich nicht gepriesen dafür, daß diese nicht an mich glaubten?« Da hörten alle die Stimme Christi aus der Höhe antworten: »Franziskus, nichts aus deiner Regel stammt von dir, sondern alles ist mein, was darin ist; und ich will, daß diese Regel also befolgt werde: auf den Buchstaben, auf den Buchstaben, auf den Buchstaben; ohne Deutelei, ohne Deutelei, ohne Deutelei.« Und er fügte hinzu: »Ich weiß, was die menschliche Schwachheit vermag, und ich will ihnen helfen. Wer aber die Regel nicht befolgen will, der soll den Orden verlassen.«

Da wandte sich der selige Franziskus zu jenen Brüdern und sprach zu ihnen: »Ihr habt es gehört! Ihr habt es gehört! Wollt ihr, daß ich den Herrn abermals zu euch sprechen lasse?« Da nahmen die Provinzialminister die Schuld auf sich und zogen sich erschrocken zurück.

ERSTES BUCH

VON DER VOLLENDUNG DER ARMUT

Wie der selige Franziskus seinen Willen und seine Absicht beschrieb, die er vom Beginn bis zum Ende über die Bewahrung der Armut hatte

BRUDER RICHARDUS VON MARCA, VON EDELM GEblüt und noch edler durch seine Heiligkeit, den der selige Franziskus gar sehr liebte, besuchte eines Tages den seligen Franziskus im Palaste des Bischofs von Assisi; er sprach mit ihm über den Orden und über die Befolgung der Regel und fragte ihn im besondern über das Folgende: »Vater, nenne mir die Absicht, die du zu Anbeginn hattest, da du anfingst, Brüder zu haben, und die Absicht, die du jetzt hast und bis zum Tage deines Todes zu haben glaubst; denn ich will deine Meinung und deinen ersten und letzten Willen kennenlernen: dürfen wir Kleriker, die wir so viele Bücher besitzen, diese behalten und sie als Eigentum des Ordens betrachten?« Und es sprach zu ihm der selige Franziskus: »Bruder, ich sage dir, daß dieses meine erste und letzte Absicht war und ist und mein erster und letzter Wille - hätten nur die Brüder mir geglaubt! -, daß keiner der Brüder mehr besitzen dürfe als ein Gewand mit Gürtel und Beinkleid, wie es unsere Regel vorschreibt.«
Wenn aber ein Bruder fragen sollte, warum der selige Franziskus die Armut nicht so strenge von den Brüdern bewahren ließ, wie er es dem Bruder Richardus sagte, noch ihm selbst den Auftrag erteilte, sie also zu befolgen, so antworten wir, die wir mit ihm gelebt haben, was wir aus seinem Munde gehört ha-

ben und was er selbst mit noch vielem andern seinen Brüdern sagte: Wohl ließ er in seiner Regel vieles aufschreiben, was er zum Heile des Ordens beharrlich in Gebet und Betrachtung vom Herrn erbat, und er versicherte uns, das sei im innersten dem Willen des Herrn gemäß; aber als er den Brüdern seinen Willen vorhielt, erschien er ihnen schwer und untragbar, denn damals wußten sie noch nicht, was dem Orden nach dem Tode des seligen Franziskus widerfahren werde. Doch weil er bei sich und den Brüdern das Ärgernis sehr fürchtete, wollte er nicht mit ihnen streiten, sondern unterwarf sich ihrem Willen, wenn auch widerstrebend, und entschuldigte sich vor dem Angesichte des Herrn. Damit aber das Wort, das Gott in seinen Mund gelegt hatte, zum Heile der Brüder, nicht leer zum Herrn zurückkehre, wollte er es an sich selber erfüllen, um sich dadurch von dem Herrn einen Lohn zu erwerben. Und am Ende ruhte er darin und ward getröstet.

Wie er einem Provinzialminister antwortete, der mit seiner Erlaubnis Bücher haben wollte, und wie die Provinzialminister ohne sein Wissen aus der Regel das Kapitel über die Verbote des Evangeliums entfernten

EINES TAGES, ALS DER SELIGE FRANZISKUS VON jenseits des Meeres zurückgekehrt war, sprach einer der Provinzialminister mit ihm über das Kapitel von der Armut, um seinen Willen und seine Absicht zu erkennen. Denn in der Regel war damals ein Kapitel über die Verbote des heiligen Evangeliums enthalten, zum Beispiel über das Wort: »Ihr sollt nichts mitnehmen auf euern Weg.« [Lk. 9, 1.] Und es erwiderte ihm der selige Franziskus: »Ich verstehe das so, daß die Brüder nichts besitzen dürfen als ein Gewand mit Gürtel und Beinkleid, wie es die Regel vorschreibt. Und wen die Not dazu zwingt, der darf auch Schuhe tragen.« Und es sprach zu ihm der Provinzialminister: »Was soll ich tun, denn ich habe so viel Bücher, daß sie mehr als fünfzig Pfund schwer sind?« Das sagte er aber, weil er sie mit gutem Gewissen behalten wollte; denn sein Gewissen warf ihm vor, daß er so viele Bücher besaß, weil er wohl wußte, daß der selige Franziskus das Kapitel von der Armut so streng auslegte. Und es sprach zu ihm der selige Franziskus: »Ich will nicht und darf nicht und kann nicht auftreten wider mein Gewissen und wider die Verkündigung des heiligen Evangeliums, zu dem wir uns bekannt haben.« Als der Provinzialminister das hörte, ward er traurig. Als aber der selige Franziskus ihn so verwirrt sah, sprach er mit großer Glut des Geistes, als spräche er zu allen Brüdern: »Vor den Menschen wollt ihr erscheinen als die Minderen-Brüder und wollt Bewahrer des heiligen Evangeliums genannt werden, durch euere Werke aber wollt ihr Schätze erwerben.«

Wie sehr auch die Provinzialminister wußten, daß sie nach der Regel verpflichtet waren, das heilige Evangelium zu befolgen, so ließen sie dennoch aus der Regel jenes Kapitel entfernen, worin gesagt wird: »Ihr sollt nichts mitnehmen auf euern Weg ...« [Lk. 9, 1 ff.]; denn sie glaubten, so würden sie nicht gehalten sein, die Vollkommenheit des Evangeliums zu bewahren. Es sprach daher der selige Franziskus, der dies durch den Heiligen Geist erfahren hatte, zu einigen Brüdern: »Die Provinzialminister vermeinen, Gott und mich zu täuschen. Wahrlich, damit alle Brüder wissen, sie seien verpflichtet, die Vollkommenheit des heiligen Evangeliums zu bewahren, will ich, daß am Anfang und am Ende der Regel geschrieben stehe, daß die Brüder gehalten sind, das heilige Evangelium unseres Herrn Jesus Christus standhaft zu befolgen. Und damit die Brüder stets unentschuldbar seien, seit ich ihnen verkündigt habe und verkündige, was der Herr zu meinem und ihrem Heile in meinen Mund gelegt hat, will ich es in meinen Werken vor Gott offenbaren und es mit seiner Hilfe in Ewigkeit bewahren.«

Daher befolgte er selber auf den Buchstaben das ganze heilige Evangelium, vom Anbeginn, da er anfing Brüder zu haben, bis zur Stunde seines Todes.

Von dem Novizen, der mit seiner Erlaubnis ein Psalterium besitzen wollte

EIN ANDERMAL ERHIELT EIN NOVIZENBRUDER, DER das Psalterium zu lesen verstand, wenn auch nicht gerade gut, von dem Generalminister die Erlaubnis, ein solches zu besitzen. Weil er aber gehört hatte, daß der selige Franziskus nicht wollte, daß seine Brüder begierig seien nach Wissenschaft und Büchern, gab er sich nicht zufrieden damit, es ohne Erlaubnis des seligen Franziskus zu besitzen. Als daher der selige Franziskus in das Haus kam, wo jener Novize war, sprach zu ihm der Novize: »Vater, es wäre mir ein großer Trost, ein Psalterium zu besitzen; aber wenngleich der Generalminister es mir zugestanden hat, so will ich es dennoch nur mit der Einwilligung deines Gewissens besitzen.« Und es erwiderte ihm der selige Franziskus: »Kaiser Karl, Roland, Olivarius, alle Paladine und die starken Männer, die mächtig waren im Kampfe, in der Verfolgung der Ungläubigen, in Schweiß und Mühe bis zum Tode: ihr Sieg ward im Gedächtnis der Menschen aufbewahrt; und die heiligen Märtyrer sind im Kampfe für Gott gefallen; heute jedoch gibt es viele, die allein durch die Erzählung dessen, was jene vollbracht haben, zu

Ehre und Menschenlob gelangen wollen. So gibt es auch unter uns viele, die nur durch Vorlesung und Verkündigung der Werke, welche die Heiligen vollbrachten, Ehre und Lob empfangen wollen.« Damit wollte er sagen: Man soll sich nicht kümmern um Bücher und um Wissenschaft, sondern um tüchtige Werke, weil die Wissenschaft uns aufbläht, die Liebe aber baut auf.

Als aber nach einigen Tagen der selige Franziskus am Feuer saß, da fragte ihn der gleiche Novize abermals wegen des Psalteriums. Und es sprach zu ihm der selige Franziskus: »Wenn du erst ein Psalterium hast, dann wirst du begehrlich werden und ein Brevier besitzen wollen; und wenn du erst ein Brevier hast, dann wirst du auf dem Katheder sitzen wie ein großer Prälat und zu deinem Bruder sprechen: ‚Bring mir das Brevier.'«

Indem aber der selige Franziskus mit großer Glut des Geistes solches sprach, nahm er etwas Asche in seine Hand, und während er seine Hand über seinem Haupte im Kreise herumführte wie einer, der sich [mit einem Schwamm] das Haupt wäscht, sprach er: »Was soll ich mit einem Brevier! Was soll ich mit einem Brevier!« Und dies wiederholte er viele Male, während er die Hand um sein Haupt herumführte. Und es wunderte und schämte sich jener Bruder. Da sprach zu ihm der selige Franziskus: »Bruder, ich war in gleicher Weise versucht, Bücher zu haben: um aber den Willen des Herrn zu erfahren, nahm ich ein Buch, darin die Evangelien des Herrn aufgeschrieben waren, und bat den Herrn, er möge mir beim ersten Öffnen des Buches seinen Willen offenbaren. Und als mein Gebet zu Ende war, fand ich beim ersten Öffnen des Buches dieses Wort des heiligen Evangeliums: ‚Euch ist es gegeben, zu wissen das Geheimnis vom Reiche Gottes, den andern aber in Gleichnissen.'« [Lk. 8, 9—10.] Und er sprach: »Viele gibt es, die zu der Weisheit gelangt sind, daß der selig sein wird, der sich unfruchtbar gemacht hat aus Liebe zu Gott, dem Herrn.«

Als aber mehrere Monate verstrichen waren und der selige Franziskus bei S. Maria von Portiuncula weilte, neben seiner Zelle, auf dem Wege hinter dem Hause, fragte der erwähnte Bruder ihn abermals wegen des Psalteriums. Und es sprach zu ihm der selige Franziskus: »Gehe und tue in dieser Sache, was dein Provinzialminister dir sagen wird.« Als der Bruder das gehört hatte, ging er zurück auf dem Wege, auf dem er gekommen war. Der selige Franziskus aber blieb zurück auf dem Wege und begann nachzudenken über das, was er jenem Bruder gesagt hatte. Und alsogleich rief er hinter ihm her und sprach: »Warte auf mich, Bruder, warte!« Und er ging hin zu ihm und sprach zu ihm: »Kehre mit mir zurück, Bruder, und zeige mir den Ort, wo ich dir gesagt habe, du sollest es mit dem Psalterium halten, wie dein Provinzialminister es dir sagen werde.« Nachdem sie also an jenen Ort gekommen waren, warf der selige Franziskus sich vor dem Bruder auf die Kniee und sprach zu ihm: »Mea culpa, Bruder, mea culpa; denn jeder, der ein Minderer-Bruder sein will, darf nichts besitzen als ein Gewand mit Gürtel und Beinkleid, wie es die

Regel vorschreibt; und wen offenbare Not dazu zwingt, der darf auch Schuhe tragen.«
Sooft daher Brüder zu ihm kamen, um seinen Rat in solchen Dingen einzuholen, antwortete er ihnen auf diese Weise. Deshalb sagte er oft: »So viel gewinnt der Mensch durch die Weisheit, als er sich bemüht, und in solchem Maße ist ein Mönch ein guter Beter, als er selber sich Mühe gibt; denn der Baum wird nur an seinen Früchten erkannt.«

Von der Armut im Besitz der Bücher und der Dinge des täglichen Bedarfs

DER ALLERHEILIGSTE VATER FRANZISKUS BELEHRTE die Brüder, bei den Büchern das Zeugnis des Herrn zu suchen, nicht den Preis, die Erbauung, nicht die Schönheit. Er wollte, daß sie nur wenige besäßen und diese gemeinsam und daß sie den bedürftigen Brüdern zur Verfügung stünden.
Bei den Lagerstätten und Betten herrschte eine überschwengliche Armut, und jeder, der auf dem Stroh noch einige zerrissene Lappen liegen hatte, glaubte ein Hochzeitslager zu besitzen.
Überdies belehrte er seine Brüder, ihre Behausungen ärmlich zu gestalten, sich hölzerne, nicht steinerne Häuser zu bauen und sie in unansehnlicher Form zu errichten; er haßte aber nicht nur die prunkvolle Bauart der Häuser, sondern er verabscheute vor allem die ausgesuchte Fülle des Hausrates. An Tischen und Gefäßen liebte er nichts, was weltlich aussah und was

an die Welt erinnerte: alles sollte von Armut, Pilgerschaft und Verbannung künden.

Wie er die Brüder ein Haus verlassen hieß, welches genannt wurde »Das Haus der Brüder«

ALS ER DURCH BOLOGNA KAM, HÖRTE ER, »DAS Haus der Brüder« sei neu errichtet worden. Sogleich, wie er gehört hatte, daß es »Das Haus der Brüder« genannt wurde, kehrte er um, verließ die Stadt und gab den strengen Auftrag, alle Brüder sollten schleunigst das Haus verlassen und unter keinen Umständen darin wohnen. Es verließen also alle das Haus, und nicht einmal die Kranken blieben darin zurück, sondern wurden mit den andern herausgebracht; und schließlich erklärte Herr Hugo, Bischof von Ostia und lombardischer Legat, das erwähnte Haus öffentlich für sein Eigentum.
Und es erhob sich ein kranker Bruder, der aus diesem Hause herausgebracht worden war, und legte Zeugnis ab über diese Ereignisse und schrieb sie auf.

Wie er ein Haus zerstören wollte, welches das Volk von Assisi bei S. Maria von Portiuncula erbaut hatte

ALS DIE ZEIT DES GENERALKAPITELS HERANNAHTE, das jedes Jahr bei S. Maria von Portiuncula stattfand, und das Volk bemerkte, daß die Brüder sich täglich vermehrten und alljährlich dort zusammenkamen, aber nur eine kleine strohgedeckte Hütte besaßen, mit Wänden aus Reisig und Lehm, hielt es eine Beratung ab und errichtete dort, ohne die Erlaubnis des seligen Franziskus und in seiner Abwesenheit, aus Steinen und Kalk in wenigen Tagen eilig und in höchster Frömmigkeit ein großes Haus.

Als aber der selige Franziskus aus einer Ordensprovinz zurückkehrte und zum Generalkapitel kam, wunderte er sich sehr über das Haus, das dort errichtet war; er fürchtete aber, andere Brüder würden nach diesem Beispiel an Orten, wo sie weilten und bleiben wollten, ähnliche große Häuser errichten, und weil er wollte, daß dieser Platz stets das Urbild und das Vorbild für alle andern Plätze des Ordens sei, stieg er, bevor das Generalkapitel begann, auf das Dach jenes Hauses und befahl den Brüdern hinaufzusteigen. Und er begann zusammen mit den Brüdern, die Steinplatten, mit denen jenes Haus gedeckt war, auf die Erde zu werfen und wollte es bis auf die Fundamente zerstören.

Es bewachten aber einige Soldaten von Assisi jenen Platz wegen der Menge des Marktvolkes, das dort zusammengekommen war, um das Generalkapitel der Brüder zu sehen. Als diese bemerkten, daß der selige Franziskus mit den andern Brüdern jenes Haus zerstören wollte, eilten sie sogleich herbei und sprachen zu ihm: »Bruder, dieses Haus gehört der Gemeinde von Assisi; wir stehen hier für diese Gemeinde; daher verbieten wir dir, unser Haus zu zerstören.« Als der selige Franziskus dies hörte, sprach er zu ihnen: »Wenn es euer Haus ist, will ich es nicht berühren.« Und sogleich stiegen er und die andern Brüder herab.

Damals beschloß das Volk von Assisi, daß der Bürgermeister der Stadt verpflichtet sein solle, dieses Haus alljährlich instand zu setzen. Und dieser Beschluß wurde lange Zeit jedes Jahr ausgeführt.

Wie er seinen Vikar tadelte, der bei S. Maria von Portiuncula ein Häuschen hatte bauen lassen, um darin die Tagzeiten zu beten

EINES TAGES LIESS DER VIKAR DES SELIGEN FRANziskus bei S. Maria von Portiuncula ein kleines Haus bauen, worin die Brüder ausruhen und die Tagzeiten beten sollten; denn die Brüder des ganzen Ordens kamen dort zusammen, und nur dort fanden Neuaufnahmen in den Orden statt.

Als nun jenes Haus beinahe fertig war, kehrte der selige Franziskus zurück, und während er in seiner Zelle weilte, hörte er das Lärmen derer, die dort arbeiteten; und er rief seinen Begleiter und fragte ihn, was jene Brüder machten. Und sein Begleiter erzählte ihm alles, wie es war. Sogleich ließ er seinen Vikar rufen und sprach zu ihm: »Bruder, dieses Haus hier soll für den ganzen Orden ein Vorbild und ein Beispiel sein, und ich will eher, daß die Brüder aus Liebe zu Gott, dem Herrn, Not und Unbequemlichkeit ertragen und so die andern Brüder, die hierher kommen, das gute Beispiel der Armut mit sich nehmen, als daß die Brüder hier zusammen ihren Trost haben und so die andern nach diesem Beispiele auch zu bauen anfangen, indem sie sagen: Wenn bei S. Maria von Portiuncula, wo das erste Haus des Ordens steht, so große und schöne Häuser entstehen, dann dürfen auch wir an unsern Plätzen solche Häuser bauen.

Wie er nicht in einer sorgfältig ausgestatteten Zelle wohnen wollte, noch in einer, die die »seine« genannt würde

EIN FROMMER BRUDER, DER MIT DEM SELIGEN Franziskus sehr vertraut war, ließ in der Einsiedelei, wo er weilte, eine etwas zurückgelegene Zelle bauen, in welcher der selige Franziskus im Gebete verweilen sollte, sooft er dahin käme. Als aber der selige Franziskus an jenen Ort kam, führte ihn der Bruder in die Zelle. Und es sprach zu ihm der selige Franziskus: »Allzuschön ist diese Zelle!« Denn der Boden bestand aus Brettern, die mit Beil und Hobel bearbeitet waren. »Wenn du willst, daß ich darin

bleibe, dann lasse sie innen und außen mit Farnkräutern und Baumästen umkleiden.« Denn je ärmlicher ein Haus und eine Zelle waren, desto lieber verweilte er darin. Als jener Bruder das getan hatte, blieb der selige Franziskus einige Tage daselbst.
Als er aber eines Tages die Zelle verlassen hatte, ging ein Bruder hin, sie zu sehen, und kam danach an den Platz, wo der selige Franziskus war. Der selige Franziskus sah ihn und sprach zu ihm: »Woher kommst du, Bruder?« Und jener sagte: »Ich komme aus deiner Zelle.« Und es sprach zu ihm der selige Franziskus: »Da du gesagt hast, es sei meine, wird fürderhin ein anderer darin wohnen und nicht ich.«
Wir, die wir mit ihm gelebt haben, hörten ihn oft dieses Wort sprechen: »Die Füchse haben ihre Höhlen und die Vögel des Himmels ihre Nester, der Sohn des Menschen aber hat nicht, wo er sein Haupt niederlege.« [Mt. 8, 20; Lk. 9, 58.]
Und wiederum sprach er: »Als der Herr in der Wüste war, wo er vierzig Tage und vierzig Nächte betete und fastete, ließ er sich dort weder eine Zelle noch ein Haus bauen, sondern blieb auf dem Felsen des Berges.«
So wollte er nach Christi Beispiel weder ein Haus noch eine Zelle haben, die die seine genannt würde, und er duldete nie, daß dies geschah. Ja, wenn es einmal vorkam, daß er zufällig zu den Brüdern sagte: »Gehet hin und bereitet jene Zelle«, wollte er nachher nicht darin bleiben, wegen jenes Wortes des heiligen Evangeliums: »Sorget nicht für euer Leben, was ihr essen, noch für den Leib, was ihr anziehen

möget.« [Lk. 12, 22.] Daher wollte er in der Zeit seines Todes in sein Testament schreiben lassen, daß zur besseren Bewahrung der Armut und Demut alle Zellen und Häuser der Brüder nur aus Holz und Lehm bestehen sollten.

Wie die Brüder nach der Meinung des seligen Franziskus in den Städten sich ansiedeln sollten

ALS ER EINMAL WEGEN EINER SCHWÄCHE SEINER Augen in der Nähe von Siena weilte, sprach zu ihm der Herr Bonaventura, der den Brüdern ein Stück Land geschenkt hatte, auf dem ein Haus gebaut war: »Was hältst du von diesem Grundstück, Vater?« Und es sprach zu ihm der selige Franziskus: »Willst du, daß ich dir sage, wie die Häuser der Brüder gebaut werden sollen?« Er antwortete: »Ich will, Vater.« Und es sprach der selige Franziskus: »Wenn die Brüder in eine Stadt kommen, wo sie kein Haus haben, und sie finden dort jemand, der ihnen so viel Land schenkt, daß sie ein Haus bauen können und einen Garten anlegen, dann sollen sie zuerst überlegen, wieviel Land sie wirklich brauchen; denn immer sollen sie die heilige Armut beachten und das gute Beispiel, das wir allen geben müssen.«
Das sagte er aber, weil er auf keine Weise wollte, daß die Häuser, Kirchen und Gärten der Brüder das Maß der Armut überschritten, noch daß die Brüder irgendwelche Häuser ihr eigen nannten, denn sie

sollten immer nur als Fremdlinge und Gäste darin weilen; auch wollte er nicht, daß die Brüder in großer Menge in den Häusern zusammenwohnten, denn es schien ihm schwer für eine große Gemeinschaft, die Armut zu bewahren. Denn es war seine Absicht vom Anbeginn seiner Bekehrung bis zu seinem Ende, daß bei allen die Armut innerlichst bewahrt würde. -

»Nachdem also die Brüder das zu einem Hause nötige Land betrachtet haben, sollen sie zum Bischof der betreffenden Stadt gehen und zu ihm sprechen: Herr, dieser Mann will uns aus Liebe zu Gott und zum Heile der eigenen Seele so viel Land schenken, daß wir ein Haus bauen können. Daher kommen wir zuerst zu Euch, denn Ihr seid der Vater und der Herr der ganzen Euch anvertrauten Herde und auch unserer Seelen und aller Brüder, die in diesem Hause bleiben werden; wir wollen es also mit Gottes und Euerm Segen dort erbauen.«

Das sagte er aber, weil die Brüder das Heil der Seelen leichter im Frieden mit dem Klerus erreichen, indem sie diesen und das Volk gewinnen, als wenn sie dem Klerus Ärgernis geben, selbst wenn sie dabei das Volk gewännen.

Und er sprach: »Der Herr hat uns gerufen, seinem Glauben und den Kirchenfürsten und Klerikern der heiligen Kirche zu helfen. Und so müssen wir diese, soviel wir können, immer lieben, ehren und achten. Denn wir werden die Minderen-Brüder genannt, weil wir durch unsern Namen, durch unser Beispiel und durch unser Tun vor den übrigen Menschen dieser Zeit demütig sein müssen. Und weil vom Anbeginn meiner Bekehrung an der Herr sein Wort in den Mund des Bischofs von Assisi gelegt hat, daß er mich gut berate und im Dienste Christi bestärke, will ich wegen all des Vorzüglichen, das ich bei den Kirchenfürsten sehe, nicht nur die Bischöfe, sondern auch die armen Priester lieben und verehren und sie für meine Herren halten. Wenn dann die Brüder den Segen des Bischofs empfangen haben, sollen sie hingehen und auf dem Platze, den sie für den Bau ihres Hauses empfangen haben, einen großen Kohlenofen aufstellen. Dann sollen sie dort an Stelle einer Mauer eine feste Hecke errichten, zum Zeichen der heiligen Armut und Demut. Danach sollen sie aus Lehm und Holz ärmliche Hütten bauen und einige kleine Zellen, in denen die Brüder zuweilen beten und arbeiten mögen, um den Müßiggang zu vermeiden und sich die Reinheit des Lebens zu bewahren. Sie dürfen auch nur kleine Kirchen errichten; sie sollen keine großen Kirchen bauen, um dem Volke zu predigen, noch aus irgendeinem andern Grunde, denn es ist ein Zeichen größerer Demut und ein besseres Beispiel, wenn sie zum Predigen in andere Kirchen gehen. Und wenn Prälaten und Kleriker, Mönche und Weltleute in ihre Häuser kommen, werden die ärmlichen Wohnungen, die kleinen Zellen und Kirchen zu ihnen predigen, und sie werden mehr erbaut werden als von bloßen Worten.«

Und er sprach: »Sehr oft lassen die Brüder große Häuser bauen und brechen dadurch unsere heilige Armut, zum Ärgernis und bösen Beispiel des Nächsten; und zuweilen verlassen sie um eines besseren und heiligeren Hauses willen oder aus Begehrlichkeit und Geiz jene Häuser und Gebäude oder zerstören sie und lassen sich neue bauen, große und üppige; wenn daher die, welche ihnen durch Almosen geholfen haben, solches sehen, nehmen sie großes Ärgernis und werden verwirrt. Daher ist es besser, daß die Brüder kleine und ärmliche Häuser bauen und so ihr Gelübde bewahren und dem Nächsten ein gutes Beispiel geben, als daß sie gegen ihr Gelübde handeln und andern ein schlechtes Beispiel geben. Denn wenn sie dann später einmal ihre ärmlichen Häuser verlassen um eines besseren Hauses willen, so wird das Ärgernis geringer sein.«

Wie die Brüder, vor allem die Obern und die Gelehrten, beim Bau ärmlicher Häuser in Widerspruch zu ihm gerieten

DER SELIGE FRANZISKUS HATTE BESTIMMT, DASS die Brüder um der heiligen Armut und Demut willen nur kleine Kirchen und Häuser aus Holz und Lehm bauen sollten. Als er mit der Durchführung dieser Vorschrift bei S. Maria von Portiuncula beginnen wollte, damit dieses Haus in Gegenwart und Zukunft allen Brüdern zum ewigen Gedächtnis diene, weil es das erste und wichtigste Haus des ganzen Ordens war, gerieten einige Brüder in Widerspruch zu ihm, indem sie sagten, daß in einigen Provinzen das Holz teurer sei als die Steine; so daß es ihnen nicht gut schiene, die Häuser aus Holz und Lehm zu erbauen.

Aber der selige Franziskus wollte nicht mit ihnen streiten, vor allem, weil er schwer erkrankt und dem Tode nahe war. So ließ er damals in seinem Testament schreiben: »Die Brüder sollen darauf achten, daß sie Kirchen und Wohnungen und alles andere, was für sie gebaut wird, unbedingt nur dann annehmen, wenn es so ist, wie es der heiligen Armut entspricht, und überall sollen sie nur Gäste sein, gleich Fremdlingen und Pilgern.«

Wir aber, die wir mit ihm gelebt haben, können bezeugen, daß er, als er seine Regel und fast alle seine andern Schriften schrieb, darin manches aufzeichnen ließ, wodurch viele Brüder, vor allem die Obern und unsere Gelehrten, in Widerspruch zu ihm gerieten, und zwar in Dingen, die heute für den ganzen Orden sehr heilsam und notwendig wären. Weil er aber das Ärgernis sehr fürchtete, widersetzte er sich dem Begehren der Brüder nicht. Dennoch tat er oft folgenden Ausspruch: »Wehe jenen Brüdern, die mir in dem widersprechen, wovon ich sicher erkenne, daß es zum Vorteil und zum Heil des ganzen Ordens dem Willen Gottes entspringt; aber ich trete dem Willen der Brüder nur ungern entgegen.«

Deshalb sprach er auch oft zu uns, seinen Gefährten: »Darin besteht mein Schmerz und meine Betrübnis, daß in dem, was ich mit viel Mühe des Gebetes und der Betrachtung zum gegenwärtigen und künftigen Heile des ganzen Ordens von der Barmherzigkeit Gottes erhalte und worin er mich bestärkt hat, daß es seinem Willen entspreche, daß mir darin einige Brüder aus der Autorität ihrer Wissenschaft und ihrer falschen Besorgnis widersprechen und meine Worte leer machen, indem sie sagen: ‚Dieses ist zu halten und zu befolgen und dieses nicht.'«

Wie er es als Diebstahl betrachtete, zu viel Almosen anzunehmen oder mehr als nötig zu verbrauchen

HÄUFIG SPRACH DER SELIGE FRANZISKUS ZU seinen Brüdern folgende Worte: »Ich bin nie ein Dieb gewesen an Almosen, weder durch die Art, sie zu erwerben, noch indem ich mehr verbrauchte, als nötig war. Ich habe immer weniger angenommen, als ich brauchte, damit nicht die andern Armen um ihren Anteil betrogen würden; denn anders zu handeln, wäre Diebstahl gewesen.«

Wie Christus ihm sagte, er wolle nicht, daß die Brüder irgend etwas gemeinsam oder einzeln besäßen

ALS DIE PROVINZIALMINISTER IHM ZUREDETEN, ER solle den Brüdern wenigstens etwas gemeinsamen Besitz zugestehn, weil sie so viele wären, damit die gesamte Gemeinschaft das besäße, was gebraucht würde, da rief der selige Franziskus Christus im Gebete an und fragte ihn um seinen Rat. Und Christus antwortete ihm sogleich und sprach: »Ich werde den Brüdern alles nehmen, was sie einzeln und gemeinsam besitzen; denn ich werde stets bereit sein, für diese Familie zu sorgen, wie sehr sie auch wachse, und ich werde ihr gnädig sein, solange sie auf mich hofft.«

Wie er das Geld verfluchte und einen Bruder bestrafte, der Geld berührt hatte

FRANZISKUS, DER WAHRE FREUND UND NACHfolger Christi, haßte in vollendeter Weise alles, was zur Welt gehörte; über alles aber verfluchte er das Geld; und stets wies er durch Wort und Beispiel seine Brüder an, es zu fliehn wie den Teufel selber. Denn die Brüder wurden von ihm zu folgender Klugheitsregel angehalten: sie sollten Kot und Geld einander gleich achten.

Es ereignete sich aber eines Tages, daß ein Weltmann die Kirche von S. Maria von Portiuncula betrat, um zu beten, und ein Geldstück als Opfergabe neben das Kreuz legte; als er sich wieder zurückgezogen hatte, nahm einer der Brüder das Geldstück in die Hand und legte es in ein Fenster. Als dieses dem seligen Franziskus erzählt wurde und jener Bruder sich überführt sah, eilte er zurück, um Buße zu tun, warf sich auf den Boden nieder und erwartete Schläge. Der Heilige tadelte ihn und schalt ihn sehr hart, weil er das Geld berührt hatte, und befahl ihm, das Geld mit seinem Munde vom Fenster wegzunehmen, es

hinter die Hecke des Hauses zu tragen und es mit seinem Munde auf den Mist des Esels zu legen.
Während jener Bruder den Befehl freudig ausführte, wurden alle, die es sahen und hörten, von sehr großer Furcht ergriffen, und seit jener Zeit verachteten sie das Geld noch viel mehr, weil es dem Miste eines Esels gleichgestellt worden war, und täglich wurden sie durch neue Beispiele ermuntert, es ganz innerlich zu verachten.

Von der Vermeidung weichlicher und üppiger Gewänder und von der Geduld in der Not

DIESER MENSCH WAR MIT HIMMLISCHER TUGEND bekleidet und mehr im Innern von göttlichem Feuer durchglüht, als von außen durch Bekleidung seines Leibes erwärmt. Er verachtete alle Brüder im Orden, die dreifache Gewänder trugen und weichere Kutten als nötig war. Denn jedes Bedürfnis, das nicht die Vernunft, sondern die Begierde uns einredet, nannte er das sichere Zeichen eines erstorbenen Geistes: »Wenn der Geist weichlich wird und allmählich von der Gnade zurückschaudert, dann müssen Fleisch und Blut suchen, was ihrer ist.«
Und er sprach: »Was bleibt, wenn die Seele die geistlichen Freuden entbehrt, als daß das Fleisch sich zu seinen Freuden wende? Und sobald sich hinter dem Vorwande der Notwendigkeit die tierische Begierde versteckt, beherrscht der fleischliche Sinn das Gewis-

sen. Wenn einer meiner Brüder in wahrer Not ist und sich sogleich beeilt, sie zu beheben, welchen Lohn wird er dann empfangen? Er hatte die Gelegenheit sich zu bewähren, aber sein Eifer beweist, daß sie ihm zum Ärgernis ward. Denn Entbehrungen ungeduldig ertragen, heißt nach Ägypten zurückkehren wollen.«

Er wollte, daß die Brüder unter allen Umständen nur zwei Kutten besäßen, aber er ließ es zu, daß sie sie mit zusammengenähten Stofflappen unterlegten. Feines Tuch hielt er für einen Greuel, und er strafte die sehr hart, die sich dagegen verfehlten. Um durch sein Beispiel die Widerstrebenden zu beschämen, nähte er stets auf seine Kutte einen groben Sack; und als er starb, befahl er, die Kutte für sein Begräbnis aus einem Sacke zu verfertigen. Den Brüdern aber, die krank wurden oder sonst Not litten, erlaubte er, eine Kutte aus weichem Stoffe auf der Haut zu tragen, aber nach außen sollte das rauhe und gewöhnliche Aussehen des Gewandes stets gewahrt bleiben.

Und er pflegte mit großem Schmerze zu sprechen: »So sehr wird der Geist der Strenge gemildert werden und die Weichlichkeit herrschen, daß die Söhne des armen Vaters sich nicht scheuen werden, Kutten aus Scharlachtuch zu tragen, wenn sie nur die Farbe geändert haben.«

Wie er sich weigerte zu genießen, was die andern Brüder entbehren mußten

ALS DER SELIGE FRANZISKUS ZU RIETI IN DER EINsiedelei des heiligen Eleutherius weilte, ließ er wegen der großen Kälte seine Kutte und die seines Begleiters mit einigen Stoffstücken unterlegen; denn er trug nur eine einzige Kutte, und zwar die, welche er stets zu tragen pflegte; und sein Leib fühlte sich daraufhin ein wenig besser.

Als er kurze Zeit darauf vom Gebete zurückkehrte, sprach er mit großer Freude zu seinem Begleiter: »Ich muß allen Brüdern Vorbild und Beispiel sein, und wenn es nötig ist, daß ich auf meinem Leibe eine doppelte Kutte trage, so muß ich auch an meine andern Brüder denken, die das gleiche brauchen, die es aber nicht haben und nicht erhalten können. Und so muß ich ihnen gleich werden, indem ich die gleiche Not ertrage, die sie ertragen, damit sie mein Beispiel sehen und geduldiger ausharren.«

Uns, die wir mit ihm gelebt haben, ist es unmöglich, durch Wort oder Schrift zu berichten, wie viel er seinem Leib versagte, um den Brüdern ein gutes Beispiel zu geben, auf daß sie selber ihre Entbehrungen geduldiger ertrügen. Denn nachdem die Brüder anfingen, sich zu vermehren, war es seine höchste und angelegentlichste Absicht, sie mehr durch Werke, als durch Worte darüber zu belehren, was sie zu tun und was sie zu lassen hätten.

Wie er sich schämte, wenn ein anderer ärmer war als er

ALS ER EINMAL EINEM SEHR ARMEN MENSCHEN begegnete, betrachtete er dessen Armut und sprach zu seinem Begleiter: »Die Armut dieses Menschen beschämt gar sehr unsere Armut und gereicht ihr zu großem Tadel. Es beschämt mich sehr, wenn ich einen Menschen finde, der ärmer ist als ich, denn ich habe die heilige Armut zu meiner Herrin erwählt, und ich erachte sie als die Seligkeit und als den Reichtum meines Geistes und meines Leibes, und mein Wort hat es der ganzen Welt verkündet, daß ich mich vor Gott und den Menschen zur Armut bekannt habe.«

Wie er die Brüder, die sich dessen schämten, anleitete, um Almosen zu gehn

ALS DER SELIGE FRANZISKUS BEGONNEN HATTE, Brüder zu haben, freute er sich so sehr über ihre Bekehrung und darüber, daß der Herr ihm gute Gefährten gegeben hatte, und so sehr liebte und verehrte er sie, daß er sie nicht um Almosen gehn ließ; vor allem weil er sah, daß sie sich dessen schämten: er gab ihrer Scheu nach und ging täglich allein um Almosen.

Weil er aber in der Welt ein verwöhnter Mensch von schwächlicher Natur gewesen war, ermüdete ihn das sehr; und als er durch allzuvieles Fasten und große Betrübnis noch mehr geschwächt war, bedachte er, daß er allein so große Mühsal nicht tragen könne und daß seine Brüder dazu berufen seien, ihm zu helfen, auch wenn sie sich dessen schämten, weil sie noch nicht völlig erkannt hatten, worum es ging. Da sie aber noch weise genug waren, um zu sprechen: »Auch wir wollen um Almosen gehn«, sprach er zu ihnen: »Meine lieben Brüder und Söhne, ihr sollt euch nicht schämen, um Almosen zu gehn, denn der Herr hat sich für uns arm gemacht in dieser Welt, und um seinetwillen haben wir den Weg der wahrhaften Armut erwählt. Denn das ist unser Erbe, das der Herr Jesus Christus uns und allen, die nach seinem Beispiel in der heiligsten Armut leben wollen, erworben und hinterlassen hat. Wahrlich, ich sage euch, daß viele der Vornehmsten und Weisesten dieser Zeit in diesen Orden kommen und es für eine große Ehre und Gnade halten werden, um Almosen zu gehn. Gehet also in Vertrauen und frohen Geistes und mit dem Segen Gottes um Almosen; und ihr müßt freier und freudiger um Almosen gehn, als einer, der für einen Pfennig hundert Denare gibt; denn ihr werdet denen, die ihr um Almosen bittet, die Liebe Gottes geben, indem ihr sprechet: ‚Um der Liebe Gottes, des Herrn, willen gebt uns ein Almosen.' Denn dieser Liebe ist nichts gleich im Himmel und auf Erden.«

Weil es aber bis dahin nur wenige Brüder gab, konnte er sie nicht zu zweien schicken, sondern er sandte sie einzeln durch die Dörfer und Städte. Und als sie einmal mit den Almosen, die sie empfangen hatten, zurückkehrten, geschah es, daß einer dem seligen Franziskus die Gaben zeigte, die er empfangen hatte. Und es sprach einer zum andern: »Ich habe mehr Almosen empfangen als du.« Und es freute sich der selige Franziskus, als er sie so heiter und fröhlich sah; und seit dieser Zeit baten sie alle eifrig um die Erlaubnis, um Almosen zu gehn.

Wie er nicht wollte, daß die Brüder um den nächsten Tag besorgt und bekümmert seien

IN JENER ZEIT LEBTE DER SELIGE FRANZISKUS MIT den Brüdern, die er damals hatte, in solcher Reinheit, daß sie in allem das heilige Evangelium auf den Buchstaben befolgten; das geschah seit jenem Tage, da der Herr ihm offenbart hatte, daß er und seine Brüder nach dem Vorbilde des heiligen Evangeliums leben sollten. Daher verbot er dem Bruder, der für die andern Brüder die Küche besorgte, am Abend das Gemüse, das sie am andern Tage essen sollten, wie er zu tun pflegte, in heißes Wasser zu legen. Denn sie sollten jenes Wort des heiligen Evangeliums befolgen: »Ihr sollt nicht besorgt sein um den kommenden Tag.« [Mt. 6, 19 ff.] Und so wartete der Bruder mit der Bereitung des Gemüses, bis der Tag, an dem sie es essen sollten, angebrochen war. Und lange Zeit handelten viele Brüder nach dieser Regel, und sie wollten, vor allem in den Städten, nur so viel Almosen annehmen, als sie für einen Tag brauchten.

Wie er durch Wort und Beispiel die Brüder tadelte, die am Weihnachtstage wegen der Anwesenheit eines Provinzialministers den Tisch hatten üppig herrichten lassen

EINMAL BESUCHTE EIN PROVINZIALMINISTER DEN seligen Franziskus, um mit ihm zu Rieti, im Hause der Brüder, das Fest der Geburt des Herrn zu feiern. Da schmückten die Brüder, um den Provinzialminister und den Festtag zu ehren, die Tische in einer ungewöhnlich sorgfältigen und feierlichen Weise mit weißen Decken und gläsernen Gefäßen.

Als aber der selige Franziskus aus seiner Zelle kam, um zu essen, sah er die in der Mitte des Saales aufgestellten und feierlich zubereiteten Tische. Da ging er heimlich beiseite, nahm die Kapuze eines Armen, der an diesem Tage dort angekommen war, sprach mit leiser Stimme zu einem seiner Gefährten und schritt dann durch die Türe des Hauses, ohne daß die Brüder im Hause etwas davon bemerkten. Der Gefährte aber blieb drinnen in der Nähe der Türe; die Brüder gingen unterdes zu Tisch, denn der selige Franziskus hatte befohlen, daß die Brüder nicht warten sollten, wenn er nicht zur Essenszeit käme. Und als er eine Weile draußen gestanden hatte, klopfte er an das Tor, und sein Begleiter öffnete ihm sogleich; er trat ein, die Kapuze auf dem Rücken und den Stock in der Hand, und begab sich an die Türe des Saales, in dem die Brüder aßen, und rief: »Gebt aus Liebe zum Herrn einem armen und kranken Pilger

ein Almosen!« Der Provinzialminister und die Brüder erkannten ihn aber sogleich. Und es sprach zu ihm der Provinzialminister: »Bruder, auch wir sind arm, und da wir so viele sind, brauchen wir die Almosen, die wir haben. Aber aus Liebe zum Herrn, den du genannt hast, sollst du eintreten in unser Haus, und wir werden dir von dem Almosen reichen, das der Herr uns gegeben hat.«
Und als er eingetreten war und vor dem Tisch der Brüder stand, gab ihm der Provinzialminister die Schüssel, von der er gerade aß, und ein wenig Brot. Er nahm es an und setzte sich im Angesichte der Brüder, die am Tische saßen, demütig neben dem Feuer auf die Erde.
Und er seufzte auf und sprach zu den Brüdern: »Als ich den sorgfältig und feierlich gedeckten Tisch sah, da dachte ich nicht, daß dies der Tisch armer Mönche sei, die täglich von Haus zu Haus gehen und um Almosen bitten. Denn, meine Lieben, es steht uns besser an, dem Beispiel der Armut und Demut Christi nachzufolgen, als dem Beispiel anderer Mönche, denn dazu sind wir berufen, und dazu haben wir uns vor Gott und den Menschen bekannt. Daher gefiel es mir, mich niederzusetzen wie ein Minderer-Bruder: denn die Feste des Herrn und der andern Heiligen werden besser durch Entbehrung und Armut gefeiert, durch welche die Heiligen den Himmel gewonnen haben, als durch Üppigkeit und Überfluß, die die Seele dem Himmel entfremden.«
Da schämten sich die Brüder, denn sie bedachten, daß er die reine Wahrheit sprach. Und einige von

ihnen begannen heftig zu weinen, als sie sahen, wie er auf der Erde saß und sie auf so heilige und vornehme Weise bessern und belehren wollte.

So ermahnte er die Brüder, zur Erbauung der Weltleute die Tische einfach und bescheiden zuzubereiten; und wenn ein Armer zu ihnen käme oder von den Brüdern eingeladen würde, dann sollte er gleichberechtigt neben ihnen sitzen können, und nicht sollte er, der Arme, auf der Erde sitzen, während die Brüder erhöht wären.

Wie zur Zeit des Generalkapitels der Herr von Ostia weinte und von der Armut der Brüder erbaut ward

ALS DER HERR VON OSTIA, DER SPÄTER PAPST Gregor wurde, zum Generalkapitel der Brüder bei S. Maria von Portiuncula kam, betrat er mit vielen Soldaten und Klerikern das Haus, um den Schlafsaal der Brüder zu sehen. Und als er sah, daß die Brüder auf der Erde lagen und nichts unter sich hatten als ein wenig Stroh und ein paar armselige und völlig zerrissene Decken und keinerlei Kopfkissen, fing er vor allen heftig an zu weinen und sprach: »Seht, hier schlafen die Brüder! Und wir Unglücklichen brauchen so viel Überfluß! Wie wird es uns ergehn?«

So wurden er und alle andern sehr erbaut; er sah daselbst auch keinen Tisch, weil die Brüder auf der

Erde saßen; denn solange der selige Franziskus lebte, aßen die Brüder in jenem Hause stets auf der Erde.

Wie die Soldaten fanden, was sie brauchten, indem sie nach dem Rate des seligen Franziskus von Haus zu Haus um Almosen baten

ALS DER SELIGE FRANZISKUS EINMAL IN BAGNI weilte, welches über der Stadt Nocera gelegen ist, begannen seine Füße heftig anzuschwellen, denn er war an der Wassersucht erkrankt, und er ward von einer großen Schwäche befallen. Als man das in Assisi hörte, begaben sich eilig einige Soldaten zu ihm, um ihn nach Assisi zu bringen, denn sie fürchteten, er werde dort sterben und andere würden in den Besitz seines heiligen Leibes kommen.

Auf dem Rückwege ruhten sie in einem Kastell des Stadtgebietes von Assisi aus, um dort zu essen; und der selige Franziskus ruhte in dem Hause eines Armen, der ihn gerne und in Freuden aufnahm. Die Soldaten durchstreiften das Kastell, um einzukaufen, fanden aber nichts. Da kehrten sie zum seligen Franziskus zurück und sprachen zu ihm, um ihn zu trösten: »Brüder, ihr müßt uns von euern Almosen geben, denn hier gibt es nichts zu kaufen!« Und es sprach zu ihnen der selige Franziskus mit großer Glut des Geistes: »Darum findet ihr nichts, weil ihr nur auf euer Geld vertraut und nicht auf Gott! Aber kehret zurück in die Häuser, in denen ihr wart, um etwas zu kaufen, legt euere Scheu ab und bittet dort aus Liebe zu Gott, dem Herrn, um ein Almosen: und der Heilige Geist wird über die Menschen kommen, und sie werden euch in Fülle geben.« Da gingen sie hin und baten um ein Almosen, wie es ihnen der selige Franziskus gesagt hatte; und alle, die sie darum baten, gaben ihnen freudig und in Fülle von allem, was sie hatten; und als die Soldaten merkten, daß ihnen dies auf wunderbare Weise geschah, lobten sie den Herrn und kehrten in großer Freude zum seligen Franziskus zurück.

So hielt es der selige Franziskus im Sinne Gottes und im Sinne der Welt für eine große Auszeichnung und Ehre, aus Liebe zu Gott, dem Herrn, um Almosen zu bitten; denn alles, was der himmlische Vater für die Menschen erschaffen hat, gehört nach dem Sündenfall durch die Liebe seines auserwählten Sohnes als freiwilliges Almosen den Würdigen und Unwürdigen.

Und er sagte, daß ein Knecht Gottes aus Liebe zu Gott, dem Herrn, freudiger und fröhlicher um Almosen bitten müsse als einer, der in Freigebigkeit und Höflichkeit umhergeht und spricht: »Wer mir eine Münze vom Werte eines Denars gibt, dem werde ich tausend Pfund Goldes dafür geben.« Denn der Knecht Gottes, der um Almosen bittet, gibt dafür denen, die er bittet, die Liebe Gottes, neben der alles, was im Himmel und auf Erden ist, nichts ist.

Bevor der Orden sich vermehrt hatte, und auch nachher, zog er pilgernd durch die Welt. Sooft er dabei von jemandem eingeladen wurde, um bei ihm zu

essen und zu wohnen, pflegte er stets - war der Betreffende auch noch so vornehm und reich - zur Essenszeit um Almosen zu gehn, um den Brüdern ein gutes Beispiel zu geben und die Herrin Armut zu ehren.
Und häufig sprach er zu dem, der ihn eingeladen hatte: »Ich will meine königliche Würde und mein Erbe und mein Gelübde und das meiner Brüder nicht preisgeben: von Haus zu Haus zu gehn und um Almosen zu bitten.« Und zuweilen ging der, welcher ihn eingeladen hatte, mit ihm und nahm die Almosen entgegen, die der selige Franziskus empfing, und bewahrte sie aus Verehrung für ihn unter seinen Reliquien auf.

Wie er um Almosen bat, bevor er sich an den Tisch eines Kardinals setzte

ALS DER SELIGE FRANZISKUS EINES TAGES DEN Herrn von Ostia, der später Papst Gregor wurde, besuchte, ging er zur Essenszeit heimlich hinaus und bat von Haus zu Haus um Almosen; und als er zurückgekehrt war, hatte sich der Kardinal von Ostia mit seinen Soldaten und Edeln bereits zu Tisch gesetzt. Der selige Franziskus aber trat hinzu, legte vor dem Angesichte des Kardinals die Gaben, die er empfangen hatte, auf den Tisch und setzte sich neben ihn, denn der Kardinal wollte, daß der selige Franziskus bei Tisch stets neben ihm säße. Und der Kardinal schämte sich ein wenig, weil jener um Almosen gegangen war, aber er sagte nichts zu ihm wegen der andern Gäste.

Als der selige Franziskus eine Weile gegessen hatte, nahm er die Almosen und verteilte sie im Namen Gottes des Herrn zu gleichen Teilen an alle Soldaten und Geistlichen des Herrn Kardinals. Und alle empfingen seine Gabe in großer Ehrfurcht und Frömmigkeit und dankten ihm, indem sie ihr Barett oder ihre Käppchen abnahmen; einige aßen die Gaben auf und andere gaben sie aus Verehrung für ihn wieder zurück. Und der Kardinal von Ostia freute sich sehr über ihre Frömmigkeit, vor allem, weil jene Almosen nicht einmal aus Weizenbrot bestanden.

Nach dem Mahle aber begab sich der Kardinal auf sein Zimmer und nahm den seligen Franziskus mit sich. Und er hob seine Arme auf, umarmte den seligen Franziskus in großer Freude und Begeisterung und sprach zu ihm: »Mein einfältiger Bruder, warum hast du mich heute beschämt, indem du um Almosen gingst, bevor du in mein Haus kamst, welches das Haus deiner Brüder ist?«

Und es erwiderte ihm der selige Franziskus: »Herr, ich habe Euch eine sehr große Ehre erwiesen; denn wenn ein Untergebener seine Pflicht tut und den Willen seines Herrn erfüllt, erweist er seinem Herrn eine Ehre.« Und er sprach: »Ich muß für Euere Armen Vorbild und Beispiel sein. Denn ich weiß, daß in diesem Orden Brüder sind und sein werden, die ‚Minderen' geheißen nach ihrem Namen und nach ihrem Tun, die sich aus Liebe zu Gott, dem Herrn, und gesalbt mit dem Heiligen Geiste, der sie über alles belehren wird, zu jeder Demütigung, zu jeder Unterwerfung und zu jeder Knechtschaft unter ihre Brüder erniedrigen werden. Es gibt aber, und es wird geben auch solche, die, verhindert durch ihre Scheu und durch böse Gewohnheit, es verschmähen und verschmähen werden, sich zu demütigen, willig um Almosen zu gehn und andere Knechteswerke zu tun; daher muß ich durch mein Tun die belehren, die im Orden sind und sein werden, damit sie in dieser und in der kommenden Zeit vor Gott unentschuldbar seien. Wenn ich also bei Euch bin, der Ihr unser Herr und apostolischer Gebieter seid, und bei den andern Vornehmen und Reichen dieser Zeit, die mich in großer Frömmigkeit und aus Liebe zu Gott, dem Herrn, nicht nur in ihre Häuser aufnehmen, sondern mich sogar dazu zwingen wollen, dann will ich mich nicht schämen, um Almosen zu gehen. Vielmehr will ich solches einhalten und befolgen gemäß dem Auftrage Gottes und zur großen Ehre, zur königlichen Würde und zum Ruhme dessen,

Welcher der Herr ist von allen,
Und der für uns zum Knecht geworden ist von allen.
Der reich ist und herrlich in seiner Majestät
Und arm und verachtet in der Niedrigkeit unserer
Gestalt einherging.

Daher will ich, daß in Gegenwart und Zukunft die Brüder wissen, daß es für meine Seele und meinen Leib ein größerer Trost ist, wenn ich bei den Brüdern an einem ärmlichen Tische sitze und vor mir die ärmlichen Almosen sehe, die aus Liebe zu Gott, dem Herrn, von Haus zu Haus erbettelt worden sind, als wenn ich bei Euch und den andern Herren an einem Tische sitze, der mit den verschiedensten Gerichten üppig ausgestattet ist. Das Brot der Barmherzigkeit ist ein heiliges Brot, geheiligt durch das Lob und die Ehre Gottes; denn wenn ein Bruder um Almosen bittet, dann muß er zuerst sprechen: »Gelobt und gepriesen sei Gott, der Herr!« Und dann muß er sprechen: »Gebt uns ein Almosen aus Liebe zu Gott, dem Herrn.«

Durch diese Worte des seligen Franziskus wurde der Kardinal sehr erbaut, und er sprach zu ihm: »Tue, was in deinen Augen gut ist, denn der Herr ist mit dir und du mit ihm.«

Es war der Wille des seligen Franziskus, wie er es selber oft sagte, daß ein Bruder nicht lange damit warten solle, bis er um Almosen ging; denn es ist ein verdienstliches Werk, und er soll sich dessen nicht schämen. Vielmehr, je vornehmer und größer ein Bruder in der Welt gewesen war, desto mehr freute und erbaute es ihn, wenn er um Almosen ging und andere Knechtesarbeiten tat, welche die Brüder damals zu verrichten pflegten.

Von dem Bruder, der weder betete, noch arbeitete und gut aß

ALS DIE BRÜDER EINMAL IN DER ERSTEN ZEIT DES Ordens zu Rivo Torto in der Nähe von Assisi weilten, war unter ihnen ein Bruder, der wenig betete, nicht arbeitete, nicht um Almosen gehn wollte und gut aß.

Als der selige Franziskus dies bedachte, erkannte er durch den Heiligen Geist, daß es ein fleischlicher Mensch sei, und er sprach zu ihm: »Gehe deines Weges, Bruder Fliege, denn du willst von der Arbeit deiner Brüder leben und willst beim Gotteswerk müßig sein, wie eine faule und unfruchtbare Biene, die nicht sammelt, nicht arbeitet und die Arbeit und den Gewinn der guten Bienen verzehrt.«

Und so ging jener seines Weges, und weil er fleischlich war, bat er nicht um Barmherzigkeit und fand auch keine.

Wie er in Begeisterung einen Armen grüßte, der mit Almosen einherging, den Herrn preisend

EIN ANDERMAL, ALS DER SELIGE FRANZISKUS BEI S. Maria von Portiuncula weilte, kam ein frommer Bettler die Straße entlang; er kehrte mit Almosen von Assisi zurück und lobte Gott mit lauter Stimme und in großer Heiterkeit.

Als er sich aber der Kirche der Mutter Gottes näherte, hörte ihn der selige Franziskus; er lief sogleich in großer Freude und Begeisterung hinaus und ging ihm auf der Straße entgegen; in großer Fröhlichkeit küßte er die Schulter, auf der er den Sack mit den Almosen trug, nahm ihm den Sack von der Schulter und legte ihn auf seine eigene; und so trug er ihn selber in das Haus der Brüder und sprach zu den Brüdern: »Also will ich, daß meine Brüder hingehn und zurückkehren mit den Almosen: heiter und in Fröhlichkeit und den Herrn preisend.«

Wie ihm vom Herrn offenbart wurde, daß die Brüder sich die Minderen-Brüder nennen und einander als Gruß den Frieden und das Heil bieten sollten

EINMAL SPRACH DER SELIGE FRANZISKUS: »DER ORden und das Leben der Minderen-Brüder gleichen einer kleinen Herde, um die der Sohn Gottes in dieser jüngsten Zeit seinen himmlischen Vater bat, indem er sprach: ‚Vater, ich will, daß du mir in dieser jüngsten Zeit ein neues und demütiges Volk gebest, welches sich durch Demut und Armut von allen andern, die voraufgegangen sind, unterscheidet und dem es genügt, mich allein zu besitzen.‘
Und es sprach der Vater zu seinem geliebten Sohne: ‚Mein Sohn, es ist geschehen, um was du mich gebeten hast.‘«
Daher sagte der selige Franziskus, der Herr habe

ihm seinen Willen offenbart, daß sie die Minderen-Brüder genannt würden, denn sie seien das arme und demütige Volk, um welches der Sohn Gottes seinen Vater bat und von welchem Volke der Sohn Gottes selber im Evangelium spricht: »Fürchte dich nicht, du kleine Herde, denn es hat euerm Vater gefallen, euch das Reich zu geben.« [Lk. 12, 32.] Und wiederum: »Was ihr dem Geringsten dieser meiner Brüder getan habt, das habt ihr mir getan.« [Mt. 25, 40; 45.] Und wenn Gott dies auch von allen im Geiste Armen verstand, so hat er damit doch im besonderen für seine Kirche den Orden der Minderen-Brüder vorausgesagt.

Und als es dem seligen Franziskus geoffenbart war, daß er seinen Orden den Orden der Minderen-Brüder nennen solle, ließ er dies in seiner ersten Regel aufschreiben, die er dem Papste Innozenz III. vorlegte, der sie bestätigte und billigte und später im Kardinalskollegium allen kund tat.

In gleicher Weise offenbarte ihm der Herr den Gruß, den die Brüder einander bieten sollten, wie er es in seinem Testamente aufschreiben ließ, indem er sprach: »Der Herr hat mir geoffenbart, daß ich zum Gruße sprechen solle: ‚Der Herr gebe dir den Frieden.'«

Als er daher am Anfang des Ordens mit einem Bruder ging, der einer der ersten zwölf war, da grüßte dieser Bruder die Männer und Frauen auf dem Wege und die, welche auf den Feldern waren, indem er sprach: »Der Herr gebe euch den Frieden.« Und weil die Menschen bis dahin von Mönchen noch keinen solchen Gruß gehört hatten, wunderten sie sich sehr.

Und manche sprachen beinahe unwillig zu den Brüdern: »Was bedeutet dieser Gruß?« Und jener Brüder schämte sich und sprach zum seligen Franziskus: »Laß mich einen andern Gruß sprechen.« Und es sprach zu ihm der selige Franziskus: »Laß diese Menschen reden, denn sie wissen nicht, was Gottes ist. Aber du sollst dich dessen nicht schämen, denn die Vornehmen und Fürsten dieser Welt werden noch dir und den andern Brüdern für diesen Gruß ihre Ehrfurcht bezeugen. Und das ist nichts Großes, denn der Herr selber wollte ein neues und geringes Volk haben, das durch sein Leben ausgezeichnet und unterschieden ist von allen, die voraufgegangen sind, ein Volk, dem der Besitz des Allerhöchsten und Herrlichen genügt.«

ZWEITES BUCH

VON DER LIEBE UND VOM DIENST AM NÄCHSTEN

Wie er voller Nachsicht mit einem Bruder aß, der dem Hungertode nahe war, und wie er seine Brüder ermahnte, in Weisheit Buße zu tun

IN JENER ZEIT, DA DER SELIGE FRANZISKUS BEgonnen hatte, Brüder zu haben, und mit ihnen zu Rivo Torto in der Nähe von Assisi weilte, geschah es einmal, daß um Mitternacht, während alle Brüder ruhten, einer von ihnen rief: »Ich sterbe! Ich sterbe!« Die Brüder wachten alle auf, wunderten sich und erschraken. Und der selige Franziskus erhob sich und sprach: »Steht auf, ihr Brüder, und zündet ein Licht an.« Und als sie ein Licht angezündet hatten, sprach er: »Wer ist der, welcher sprach: ‚ich sterbe'?« Und es sprach jener Bruder: »Ich bin es.« - Und er sprach zu ihm: »Was hast du, Bruder? Warum stirbst du?« Und jener sprach: »Ich sterbe vor Hunger.« Da ließ der selige Franziskus ein Mahl bereiten, und weil er ein Mensch voll Liebe und Weisheit war, aß er mit jenem Bruder, damit er sich nicht schäme, allein zu essen; und weil er es so wollte, aßen auch alle andern Brüder mit ihm.

Jener Bruder und alle andern waren erst seit kurzem zum Herrn bekehrt und hatten ihren Leib über alles Maß gepeinigt.

Nach dem Mahle aber sprach der selige Franziskus zu den andern Brüdern: »Meine Brüder, ich sage euch, daß jeder von euch auf seine Natur achten soll. Denn wenn auch einige von euch mit weniger Nahrung auskommen, als die andern, so will ich doch nicht, daß der, welcher mehr braucht, sich nach jenen richte, sondern jeder soll auf seine Natur achten und seinem Leibe geben, was er braucht, damit er fähig sei, dem Geiste zu dienen. Denn wie wir uns vor übermäßigem Essen hüten müssen, weil es dem Leibe und der Seele schadet, so müssen wir uns auch vor allzustrengem Fasten in acht nehmen, um so mehr, da der Herr Barmherzigkeit will und nicht das Opfer.« Und er sprach: »Liebste Brüder, was ich eben tat: daß wir aus Liebe zu unserm Bruder mit ihm zusammen gegessen haben, damit er sich nicht schäme, allein zu essen, dazu hat mich die Not und die Liebe gezwungen. Aber ich sage euch, daß ich nicht will, daß ihr sonst so verfahret, denn das wäre weder fromm noch würdig; sondern ich will, daß jeder im Sinne unserer Armut seinem Leibe das gebe, was er braucht.«

Denn die ersten Brüder und die, welche gleich nach ihnen kamen - bis zur großen Zeit des Ordens - peinigten ihren Leib über alles Maß durch Enthaltung von Speise und Trank, durch Nachtwachen, Ausharren in der Kälte, durch das Tragen grober Kleider und harte Arbeit; sie trugen auf der Haut eiserne Reifen, feste Panzer und härene Gewänder. Als daher der heilige Vater bedachte, daß die Brüder dadurch krank werden könnten - und manche waren schon nach kurzer Zeit erkrankt - befahl er in einem Kapitel seiner Regel, daß die Brüder auf der Haut nur ihre Kutte tragen sollten.

Wir aber, die wir mit ihm gelebt haben, bezeugen, daß er während der ganzen Zeit seines Lebens gegen

die Brüder nachsichtig und voll Schonung war. Damit aber die Brüder zu keiner Zeit in der Nahrung und in den andern Dingen das Maß der Armut und die Zucht unseres Ordens überschritten, verfuhr der heiligste Vater vom Anfang seiner Bekehrung bis zum Ende seines Lebens sehr streng mit seinem eigenen Leibe, obgleich er von Natur schwächlich war und in der Welt ein verwöhntes Leben geführt hatte.
Als er einmal bemerkte, daß die Brüder in den Speisen und in allen andern Dingen das Maß der Armut und die Zucht des Ordens überschritten, hielt er einigen Brüdern eine Predigt und sprach zu ihnen, als ob er zu allen Brüdern spräche: »Die Brüder sollen nicht glauben, daß ich für meinen Leib eine bessere Kost brauche; denn weil ich für alle Brüder Vorbild und Beispiel sein muß, bin ich mit wenigen und ärmlichen Speisen zufrieden und befolge in allen andern Dingen das Maß der Armut, und alles Üppige und Feine will ich innerlichst verachten.«

Von seiner Nachsicht mit einem kranken Bruder, mit dem er Trauben aß

ALS DER SELIGE FRANZISKUS EINMAL AN DEMSELben Orte weilte, wurde ein frommer Bruder, der schon lange im Orden war, krank und sehr schwach. Als der selige Franziskus ihn sah, hatte er Mitleid mit ihm; aber weil damals die Brüder - die Gesunden und die Kranken - in großer Heiterkeit die Armut als eine Fülle empfanden und in ihren Krankheiten keine Medizin gebrauchten und auch keine verlangten, vielmehr gerade das zu sich nahmen, was ihrem Leibe schädlich war, sprach der selige Franziskus zu sich: »Ich glaube, wenn dieser Bruder am frühen Morgen reife Trauben äße, so würde dies gut für ihn sein.«

Und wie er es ausgedacht hatte, tat er es: Denn er erhob sich eines Tages am frühen Morgen, rief jenen Bruder heimlich zu sich und führte ihn auf einen Weinberg, der nahe dem Hause war. Er wählte einen Weinstock, an dem die Trauben reif zum Essen waren, setzte sich mit jenem Bruder neben den Weinstock und begann, von den Trauben zu essen, damit der Bruder sich nicht schäme, allein zu essen. Und während sie aßen, ward der Bruder gesund, und sie lobten beide den Herrn.

Und jener Bruder erinnerte sich während seines ganzen Lebens an die Barmherzigkeit und Güte, die ihm der heiligste Vater erwies, und in großer Ehrfurcht und unter vielen Tränen erzählte er es oftmals seinen Brüdern.

Wie er sich und seinen Begleiter entblößte, um ein armes altes Weib zu bekleiden

ALS DER SELIGE FRANZISKUS EINMAL IM WINTER eine weite Kutte in der Art eines Mantels trug, die ihm ein befreundeter Bruder verschafft hatte, begegnete ihm bei Celano ein altes Weib und bat ihn um ein Almosen. Sogleich löste er die Kutte von seinem Halse, und obgleich sie ihm gar nicht gehörte, gab er sie der Alten und sprach: »Gehe und mache dir daraus ein Kleid, denn du hast es sehr nötig.«
Die Alte lachte und erschrak, ich weiß nicht ob aus Furcht oder aus Freude, nahm die Kutte aus seinen Händen, und damit es ihn mit der Zeit nicht reue, eilte sie hurtig davon und schnitt sich die Kutte mit einer Schere zurecht. Als sie aber merkte, daß der Stoff der Kutte für ein Kleid nicht ausreiche, rief sie aufs neue die Güte des heiligen Vaters an, indem sie ihm zeigte, daß die Kutte für ein Kleid nicht ausreiche. Da wandte der heilige Vater seine Augen zu seinem Begleiter, der die gleiche Kutte trug, und sprach zu ihm: »Hörst du, was dieses arme Weib sagt? Laß uns aus Liebe zu Gott die Kälte aushalten und gib dieser Armen deine Kutte, damit sie ihr Kleid vollenden kann.« Und sogleich gab ihr sein Begleiter die Kutte, wie er selber es getan hatte. So blieben sie beide nackt zurück, um das arme alte Weib zu bekleiden.

Wie er es für einen Diebstahl hielt, einem, der bedürftiger war als er, seinen Mantel nicht zu geben

ALS ER EINMAL AUS SIENA ZURÜCKKEHRTE, BEgegnete ihm ein Bettler, und er sprach zu seinem Begleiter: »Wir müssen unsern Mantel diesem Armen geben, dem er gehört; denn wir haben ihn nur für so lange geborgt, bis wir einen finden, der ärmer ist als wir.« Da der Begleiter aber an die Not des frommen Vaters dachte, widerstrebte er ihm hartnäckig und meinte, er dürfe nicht für andere sorgen und sich selbst dabei vernachlässigen. Da sprach zu ihm der Heilige: »Ich will kein Dieb sein, denn es würde uns als Diebstahl angerechnet, wenn wir nicht unsern Mantel dem gäben, der bedürftiger ist.« So schenkte der fromme Vater seinen Mantel dem Armen.

Unter welcher Bedingung er einem Armen seinen neuen Mantel gab

BEI CELLA DI CORTONA TRUG DER SELIGE FRANziskus einen neuen Mantel, den ihm die Brüder durch ihre Bemühungen verschafft hatten. Da kam ein Armer an jenen Ort und klagte, daß sein Weib gestorben sei und die Familie in Armut zurückgelassen habe.

Der Heilige hatte Mitleid mit ihm und sprach: »Diesen Mantel gebe ich dir unter der Bedingung, daß du ihn nur jemand gibst, der ihn dir gut bezahlt.«

Als die Brüder das hörten, liefen sie zu dem Armen, um ihm den Mantel wegzunehmen. Aber weil der heilige Vater ihm mit seinem Gesicht ein Zeichen gab, erkühnte sich der Arme und verteidigte den Mantel mit beiden Händen als sein Eigentum. Schließlich kauften die Brüder den Mantel zurück und sorgten dafür, daß der Arme einen angemessenen Preis dafür erhielt.

Wie ein Armer durch die Kraft eines Almosens des seligen Franziskus seinem Herrn das erlittene Unrecht verzieh und ihn nicht mehr haßte

BEI COLLE IN DER GRAFSCHAFT PERUGIA FAND DER selige Franziskus einen Armen, den er früher in der Welt gekannt hatte, und sprach zu ihm: »Bruder, wie geht es dir?« Da begann jener voll Zorn seinen Herrn zu verwünschen und sprach: »Dank der Willkür meines Herrn, den der Herr verfluchen möge, geht es mir übel, denn er hat mir alles genommen, was mir gehörte.«

Als aber der selige Franziskus sah, wie jener in tödlichem Hasse verharrte, erbarmte er sich seiner Seele und sprach zu ihm: »Bruder, verzeihe deinem Herrn aus Liebe zu Gott, damit du deine Seele rettest; dann ist es möglich, daß er dir wiedererstattet, was er dir nahm; so aber hast du dein Eigentum verloren und wirst deine Seele vernichten.« Jener aber sprach: »Nicht eher kann ich ihm innerlich verzeihen, als bis er mir wiedergegeben hat, was er mir nahm.« Da sprach zu ihm der selige Franziskus: »Siehe, ich gebe dir diesen Mantel und bitte dich, aus Liebe zu Gott deinem Herrn zu verzeihen.« Sogleich wurde das Herz jenes Menschen milde, und wegen der Güte des seligen Franziskus verzieh er seinem Herrn das erlittene Unrecht.

Wie er seinen Mantel einem armen Weibe schenkte, das wie er an den Augen erkrankt war

EIN ARMES WEIB BEGAB SICH WEGEN EINER KRANKheit ihrer Augen von Machilone nach Rieti; als aber der Arzt zum seligen Franziskus kam, sprach er zu ihm: »Bruder, ein Weib mit kranken Augen ist zu mir gekommen; sie ist so arm, daß ich für die Kosten der Heilung aufkommen muß.«

Als der selige Franziskus dies hörte, hatte er sogleich Mitleid mit ihr, rief einen Bruder, der Guardian war, und sprach zu ihm: »Bruder Guardian, wir müssen eine Schuld zurückzahlen.« Und jener sprach: »Was ist das für eine Schuld, Bruder?« Und er sprach zu ihm: »Diesen Mantel, den wir von einem armen und kranken Weibe geborgt haben, müssen wir ihr zurückgeben.« Und der Guardian sprach zu ihm: »Bruder, tue, was dir am besten scheint.«

Da rief der selige Franziskus einen geistlichen Bruder, der ihm vertraut war, und sprach zu ihm: »Nimm diesen Mantel und zwölf Brote, und gehe zu einem armen augenkranken Weibe, das der Arzt dir zeigen wird, und sprich zu ihr: ‚Ein armer Mensch, dem du diesen Mantel geborgt hast, dankt dir dafür; nimm, was dein ist.'«

Und jener ging hin und sagte dem Weibe alles, was der selige Franziskus ihm aufgetragen hatte. Sie glaubte aber, man wolle sie verspotten, fürchtete und schämte sich und sprach zu ihm: »Laß mich in Frieden, ich weiß nicht, was du redest.« Jener aber legte den Mantel und die zwölf Brote in ihre Hände. Als sie nun merkte, daß er die Wahrheit gesprochen hatte, nahm sie das Geschenk in Furcht und Dankbarkeit an und freute sich und lobte den Herrn. Und da sie fürchtete, die Gaben würden ihr wieder genommen werden, erhob sie sich heimlich während der Nacht und kehrte voll Freude in ihr Haus zurück. Der selige Franziskus aber hatte den Guardian schon beauftragt, ihr, solange sie dort bliebe, täglich die Kosten der Heilung zu erstatten.

Wir, die wir mit ihm gelebt haben, bezeugen, daß seine Liebe und Güte gegen die Kranken und Gesunden, und nicht nur gegen seine Brüder, sondern auch gegen andere Arme, Gesunde und Kranke, so groß war, daß er das, was er für seinen Leib nötig brauchte und was die Brüder ihm zuweilen nur mit viel Sorge und Mühe verschafft hatten, mit großer innerer und äußerer Freude den Armen gab. Dabei redete er uns gütig zu, um uns nicht zu verwirren. Daher hatten der Ordensgeneral und der Guardian ihm befohlen, keinem Bruder ohne ihre Erlaubnis seine Kutte zu schenken. Denn aus Verehrung für ihn baten ihn die Brüder zuweilen um seine Kutte, und er gab sie ihnen sogleich; manchmal teilte er seine Kutte, verschenkte die eine Hälfte und behielt die andere für sich; denn er war immer nur mit einer einzigen Kutte bekleidet.

Wie er den Brüdern seine Kutte gab, als sie ihn »aus Liebe zu Gott« darum baten

ALS ER EINMAL PREDIGEND DURCH EINE PROVINZ des Ordens zog, begegneten ihm zwei aus Frankreich gebürtige Brüder; nachdem sie viel Trost von ihm empfangen hatten, baten sie ihn aus Liebe zu Gott um seine Kutte. Sowie er das Wort »aus Liebe zu Gott« hörte, zog er sogleich seine Kutte aus, gab sie ihnen und blieb etwa eine Stunde lang nackt.
Denn wenn man ihn »aus Liebe zu Gott« um einen Gürtel, eine Kutte oder um irgend etwas anderes bat, verweigerte er es nie; aber es mißfiel ihm sehr, und er tadelte darum oft seine Brüder, wenn er sie ohne Sinn »aus Liebe zu Gott« sagen hörte. Denn er sagte: »So überaus hoch und kostbar ist die Liebe Gottes, daß man sie nur selten und in großer Not und in tiefer Ehrfurcht nennen sollte.«
Aber einer jener beiden Brüder zog seine Kutte aus und gab sie ihm. - So kam er oft in große Bedrängnis, wenn er jemand seine Kutte oder ein Stück davon gab, weil er sich nie so rasch eine andere beschaffen konnte. Auch wollte er immer eine ärmliche Kutte

haben, innen und außen mit Flicken besetzt; nie oder nur selten wollte er eine Kutte aus neuem Stoffe tragen; sondern er verschaffte sich dann für einige Zeit die Kutte eines andern Bruders, und zuweilen nahm er von einem Bruder die Hälfte der Kutte und von einem andern Bruder die andere Hälfte. Auf der Haut trug er manchmal wegen seiner häufigen Krankheiten und wegen der Schwäche seines Magens und seiner Milz ein Kleid aus neuem Stoff.
Diesen Grad der Armut befolgte er in seiner Kleidung bis zu jenem Jahre, da er zum Herrn ging; denn da er wassersüchtig und fast ganz ausgezehrt war und noch alle möglichen andern Krankheiten hatte, machten ihm seine Brüder wenige Tage vor seinem Tode mehrere Kutten, damit Tag und Nacht, so oft es nötig wäre, die Kutte gewechselt werden könne.

Wie er einem Armen heimlich ein Stück seiner Kutte geben wollte

EIN ANDERMAL KAM EIN ARMER AN DEN ORT, WO der selige Franziskus weilte, und bat die Brüder aus Liebe zu Gott um ein Stück Tuch. Als der selige Franziskus das hörte, sagte er zu einem der Brüder: »Durchsuche das Haus, und wenn du ein Stück Tuch findest, so gib es diesem Armen.« Und der Bruder durchsuchte das ganze Haus und sagte dann, er habe nichts gefunden.
Damit aber der Arme nicht mit leeren Händen zu-

rückkehre, entfernte sich der selige Franziskus heimlich, damit es der Guardian ihm nicht verbiete, nahm ein Messer und schnitt an einem verborgenen Platze ein Stück seiner Kutte ab, das von innen aufgenäht war, und wollte es heimlich dem Armen geben. Aber der Guardian merkte es, begab sich sogleich zu ihm und untersagte ihm, es dem Armen zu geben; vor allem, weil es damals sehr kalt war und der selige Franziskus krank und gegen die Kälte sehr empfindlich war. Und es sprach zu ihm der selige Franziskus: »Wenn du nicht willst, daß ich dem Armen dieses Stück Tuch gebe, dann mußt du dafür sorgen, daß man unserm armen Bruder ein anderes Stück gebe.« Und so gaben die Brüder nach dem Beispiel des seligen Franziskus dem Armen ein wenig Stoff von ihren eigenen Kutten.

Wenn er predigend durch die Welt zog, zu Fuß oder, wenn er krank war, auf einem Esel und nur in der höchsten und dringendsten Not auf einem Pferde - denn sonst wollte er nicht reiten, und er tat es auch erst kurze Zeit vor seinem Tode - und ein Bruder ihm einen Mantel beschaffte, so wollte er ihn nur unter der Bedingung annehmen, daß er ihn einem Armen geben dürfe, der ihm begegne oder der zu ihm käme, wenn nur der Geist ihm bezeuge, daß jener ihn nötig habe.

Wie er dem Bruder Aegidius vor seiner Aufnahme befahl, seinen Mantel einem Armen zu geben

ALS ER IN DER ERSTEN ZEIT DES ORDENS MIT DEN einzigen beiden Brüdern, die er damals hatte, bei Rivo Torto weilte, kam ein Mann mit Namen Aegidius, welcher der dritte Bruder wurde, aus der Welt zu ihm, damit er sein Leben annehme.

Als dieser einige Tage dort weilte, bekleidet mit den Gewändern, die er aus der Welt mitgebracht hatte, geschah es, daß ein Armer an jenen Ort kam und den seligen Franziskus um ein Almosen bat. Der selige Franziskus wandte sich zu Aegidius und sprach zu ihm: »Gib dem armen Bruder deinen Mantel.« Sogleich nahm dieser mit großer Freude seinen Mantel von der Schulter und gab ihn dem Armen. Und da schien es ihm, als habe der Herr eine große Gnade in sein Herz gelegt, weil er dem Armen seinen Mantel in Heiterkeit gegeben hatte. So ward er vom seligen Franziskus in den Orden aufgenommen und schritt immer weiter voran bis zur höchsten Vollendung der Tugend.

Von der Buße, die er einem Bruder auferlegte, der über einen Armen hart geurteilt hatte

ALS DER SELIGE FRANZISKUS EINMAL IN DAS HAUS der Brüder bei Rocca Brizzi kam, um dort zu predigen, geschah es, daß an dem Tage, da er predigen sollte, ein armer und kranker Mensch zu ihm kam. Er hatte großes Mitleiden mit ihm und sprach mit seinem Begleiter über die Armut und Krankheit dieses Menschen. Und sein Begleiter sprach zu ihm: »Bruder, es ist wahr, daß er ziemlich arm zu sein scheint, aber vielleicht ist in der ganzen Provinz keiner, der von größerem Reichtum träumt als er.«

Sogleich ward er vom seligen Franziskus hart getadelt und bekannte seine Schuld. Und es sprach zu ihm der selige Franziskus: »Willst du dafür die Buße tun, die ich dir auferlegen werde?« Und jener antwortete: »Ich werde sie gerne tun.« Und er sprach zu ihm: »Gehe hin, ziehe deine Kutte aus, wirf dich nackt zu den Füßen des Armen und sage ihm, daß du durch deine Schmähung an ihm gesündigt hast, und bitte ihn, daß er für dich bete.«

Und jener ging hin und tat alles, was der selige Franziskus ihm gesagt hatte. Dann stand er auf, zog seine Kutte wieder an und kehrte wieder zum seligen Franziskus zurück. Und es sprach zu ihm der selige Franziskus: »Willst du wissen, wie du an ihm und an Christus gesündigt hast? Wenn du einen Armen siehst, dann mußt du in ihm den sehen, in dessen Namen er kommt, nämlich Christus, der unsere Armut und Schwäche auf sich genommen hat. Denn die Schwäche und Armut jenes Menschen sind für uns wie ein Spiegel, in welchem wir in Frömmigkeit die Schwäche und Armut unseres Herrn Jesus Christus schauen und betrachten sollen, die er an seinem Leibe für unser Heil erduldet hat.«

Von dem Neuen Testament, das er einem armen Weibe, der Mutter zweier Brüder, geben ließ

EIN ANDERMAL, ALS ER BEI S. MARIA VON PORtiuncula weilte, kam ein armes altes Weib, das zwei Söhne im Orden hatte, in das Haus der Brüder und bat den seligen Franziskus um ein Almosen.
Und sogleich sprach der selige Franziskus zum Bruder Petrus von Catania, der damals der Generalminister des Ordens war: »Haben wir etwas, das wir dieser unserer Mutter geben können?« - Er nannte nämlich die Mutter eines jeden seiner Brüder seine Mutter und die Mutter aller Brüder. - Und es antwortete ihm Bruder Petrus: »Es ist nichts im Hause, was wir ihr geben könnten, denn sie braucht ein Almosen, von dem sie sich ernähren kann. In der Kirche aber haben wir ein Neues Testament, aus dem wir die Gebete der Matutin lesen.« Denn in jener Zeit hatten die Brüder keine Breviere und nur wenige Psalterien. Und es sprach zu ihm der selige Franziskus: »Gib unserer Mutter das Neue Testament, damit sie es für ihren Unterhalt verkaufe. Denn ich

glaube fest, daß dies dem Herrn und der seligen Jungfrau mehr gefallen wird, als daß wir darin lesen.« Und so gab er es ihr. Denn es kann von ihm gesagt und geschrieben werden, was wir vom seligen Job lesen: »Von meiner Kindheit an wuchs das Erbarmen mit mir auf, und aus meiner Mutter Leib kam es mit mir.« [Job. 31, 18.]

Und es wäre für uns, die wir mit ihm gelebt haben, zu weitläufig und zu schwierig, alles aufzuschreiben und zu erzählen, was wir von seiner Liebe und Güte zu den Brüdern und den andern Armen und Fremden gehört und mit unsern eigenen Augen gesehen haben.

DRITTES BUCH

VON DER VOLLENDUNG DER HEILIGEN DEMUT. VON SEINEM GEHORSAM GEGEN SICH UND SEINE BRÜDER

Wie er auf das Amt der Vormundschaft über den Orden verzichtete und Bruder Petrus von Catania zum General des Ordens bestimmte

UM DIE TUGEND DER HEILIGEN DEMUT ZU BEFOLgen, verzichtete er wenige Jahre nach seiner Bekehrung bei einem Generalkapitel auf das Amt der Vormundschaft über den Orden, indem er sprach: »Von jetzt an werde ich für euch sterben; aber seht hier den Bruder Petrus von Catania, dem ich und ihr alle gehorchen werden.« Und er warf sich vor ihm auf die Erde nieder und gelobte ihm Gehorsam und Ehrfurcht.

Und alle Brüder weinten und seufzten vor übergroßem Schmerze laut auf, als sie sahen, wie sie nach dem Verlust eines so großen Vaters als Waisen zurückblieben.

Und der selige Vater stand auf, erhob die Augen zum Himmel, faltete die Hände und sprach: »Herr, dir übergebe ich die Familie, welche du mir bis heute anvertraut hast; und wegen ihrer Schwächen, die du, süßester Herr, wohl kennst, überantworte ich sie jetzt den Provinzialministern, da ich selbst nicht mehr imstande bin, für sie zu sorgen. Sie sollen am Tage des Gerichtes vor dir, Herr, Rechenschaft darüber ablegen, ob einer der Brüder durch ihre Nachlässigkeit oder durch allzu harte Buße zugrunde gegangen ist.«

Von jener Zeit an bis zu seinem Tode blieb er ihnen untergeben und war in allem demütiger als irgendein anderer Bruder.

Wie er sogar auf seine Gefährten verzichtete, weil er keinen eigenen Begleiter haben wollte

EIN ANDERMAL ÜBERLIESS ER ALLE SEINE BEGLEITER seinem Vikar, indem er sprach: »Ich will nicht etwas Besonderes sein durch das Vorrecht der Freiheit, eigene Begleiter für mich zu haben; sondern die Brüder sollen mich von Ort zu Ort geleiten, wie der Herr es ihnen eingibt.« Und er fügte hinzu: »Ich habe einen Blinden gesehen, der nur einen Hund als Führer auf seinem Wege hatte, und mir soll es nicht besser gehn als ihm.«
Denn dieses war stets seine Größe, daß er auf alles Außerordentliche und auf alle Prahlerei verzichtete und daß die Macht Christi in ihm wohnte.

Wie er wegen der schlechten Oberen auf die Leitung des Ordens verzichtete

ALS ER EINMAL VON EINEM BRUDER GEFRAGT wurde, warum er die Sorge für seine Brüder aufgegeben und sie fremden Händen überlassen habe, als ob seine Brüder nicht mehr zu ihm gehörten, antwortete er: »Mein Sohn, ich liebe die Brüder, wie ich es vermag, aber wenn sie meinen Spuren folgten, würde ich sie noch mehr lieben und wäre ihnen nicht entfremdet worden. Denn es gibt unter den Oberen einige, die sie zu andern Dingen ziehen, indem sie ihnen das Beispiel der älteren Orden vorhalten und meine Ermahnungen zu wenig beachten; aber was sie tun und wie sie es tun, wird am Ende offenbar werden.«

Und als er bald darauf von einer heftigen Krankheit gepeinigt wurde, richtete er sich durch die Gewalt des Geistes in seinem Bett auf und rief: »Wer sind die, welche meinen Orden und meine Brüder meinen Händen entrissen haben? Wenn ich zum Generalkapitel komme, werde ich ihnen zeigen, was ich will.«

Wie er in Demut für die Kranken um Fleisch bat und sie ermahnte, demütig und geduldig zu sein

DER SELIGE FRANZISKUS SCHÄMTE SICH NICHT, auf den öffentlichen Plätzen der Stadt für einen kranken Bruder um Fleisch zu bitten. Doch ermahnte er die Kranken, ihre Leiden geduldig zu ertragen und kein Ärgernis zu nehmen, wenn sie nicht in allem voll zufriedengestellt würden.

Und er ließ folgendes in seiner ersten Regel aufschreiben: »Ich bitte meine kranken Brüder, daß sie in ihrer Krankheit nicht ungeduldig werden und sich nicht gegen den Herrn oder gegen die Brüder auflehnen; auch sollen sie nicht allzu eifrig nach Medizin verlangen und nicht zu sehr darauf ausgehn, dem Fleische Gutes zu tun, welches sterben wird und ein Feind der Seele ist. Sondern sie sollen für alles dankbar sein, und wie Gott sie haben will, so sollen sie begehren zu sein; denn die der Herr zum ewigen Leben vorherbestimmt hat, die erzieht er durch den Stachel der Leiden und der Krankheiten, wie er es selber sagt: ‚Die ich liebe, die will ich zurechtweisen und züchtigen.‘« [Cf. Is. 28, 19.]

Von den demütigen Antworten des seligen Franziskus und Dominikus, als sie gefragt wurden, ob sie wollten, daß ihre Brüder in der Kirche zu Prälaten ernannt würden

ALS EINMAL DIE BEIDEN LEUCHTENDEN STERNE dieser Erde, der selige Franziskus und der selige Dominikus, zu Rom beim Herrn von Ostia waren, der später Papst wurde, waren ihre Reden über Gott wie Ströme von Honig; und endlich sprach der Kardinal von Ostia zu ihnen: »In der Urkirche waren die Hirten und Bischöfe arm, und in den Menschen glühte die Liebe, nicht die Begehrlichkeit. Warum sollen wir also euere Brüder nicht zu Bischöfen und Prälaten machen, die durch ihre Lehre und durch ihr Beispiel alle andern übertreffen?«

Da entstand unter den Heiligen über die Antwort ein demütiger und frommer Streit, wobei nicht einer sich über den andern erhob, sondern jeder sich unter den andern demütigte, indem einer den andern zwingen wollte, zuerst zu antworten. Endlich siegte die Demut des Franziskus, so daß er nicht eher antwortete, es siegte aber auch Dominikus, denn er gehorchte demütig und antwortete zuerst.

Und der selige Dominikus antwortete und sprach: »Herr, meine Brüder haben eine hohe Würde erlangt, wenn sie dieses nur recht einsehen; und so viel an mir liegt, werde ich niemals erlauben, daß sie zu höheren Würden aufsteigen.«

Da verneigte sich der selige Franziskus vor dem Kardinal und sprach: »Herr, meine Brüder werden die ‚Minderen' genannt, damit sie sich nicht anmaßen, mehr zu werden; schon ihr Name weist sie an, in Niedrigkeit zu leben und den Spuren der Demut Christi nachzufolgen, damit sie am Ende durch das Anschauen der Heiligen mehr als alle andern erhöht werden.«

Das waren die Antworten der Heiligen. Und der Kardinal war von den Antworten der beiden sehr erbaut und dankte Gott inbrünstig.

Als die beiden zusammen weggegangen waren, bat der selige Dominikus den heiligen Franziskus, er möge ihn für würdig erachten, ihm den Strick zu schenken, mit dem er gegürtet war. Und der selige Franziskus weigerte sich aus Demut, so wie jener aus Liebe gebeten hatte. Es siegte aber die selige Frömmigkeit des Bittenden, und der selige Dominikus gürtete den Strick des seligen Franziskus, den er durch die Gewalt der Liebe erhalten hatte, unter seine Kutte und trug ihn seit jener Zeit in Frömmigkeit.

Endlich legte einer seine Hände in die Hände des andern, und sie empfahlen sich einander in gegen-

seitiger Liebe auf das freundlichste. Und es sprach der heilige Dominikus zum heiligen Franziskus: »Bruder Franziskus, ich möchte aus deinem und meinem Orden einen einzigen Orden machen und mit dir unter der gleichen Regel in der Kirche leben.«
Als sie sich endlich voneinander getrennt hatten, sprach der selige Dominikus zu den Umstehenden: »Wahrlich, ich sage euch, daß alle Mönche diesem heiligen Franziskus nachfolgen sollten, so groß ist die Vollendung seiner Heiligkeit.«

Wie er wollte, daß alle Brüder den Aussätzigen dienten, um die Demut zu befestigen

VOM ANFANG SEINER BEKEHRUNG AN STELLTE SICH der selige Franziskus mit der Hilfe des Herrn wie ein weiser Baumeister auf den festen Felsen der höchsten Demut und Armut des Sohnes Gottes, indem er aus höchster Demut seinen Orden den Orden der Minderen-Brüder nannte.
So wollte er am Anfang des Ordens, daß die Brüder in den Häusern der Aussätzigen weilten, um ihnen zu dienen und den Grund zur heiligen Demut zu legen. Denn als Vornehme und Unvornehme in den Orden kamen, sagte er ihnen unter anderm, sie müßten in Demut den Aussätzigen dienen und in ihren Häusern bleiben, wie es auch in der ersten Regel enthalten ist.
Er wollte, daß die Brüder unter dem Himmel nichts

besäßen als die heilige Armut, durch welche sie in der Welt vom Herrn mit leiblicher und geistlicher Nahrung gespeist würden, um künftig das himmlische Erbe zu empfangen. So gründete er sich selbst zum Beispiel der andern auf die höchste Demut und Armut; denn obgleich er in der Kirche Gottes hohe Ehren genoß, so war es dennoch sein Wille, nicht nur in der Kirche, sondern auch unter seinen Brüdern verworfen zu sein, denn diese Verworfenheit war nach seiner Meinung und nach seiner Sehnsucht die höchste Erhöhung vor dem Angesichte Gottes und der Menschen.

Wie er für alle seine guten Worte und Werke Gott allein den Ruhm und die Ehre geben wollte

ALS ER EINMAL AUF DEM MARKTPLATZ VON RIETI dem Volke gepredigt hatte, erhob sich nach der Predigt der Bischof der Stadt, ein weiser und frommer Mann, und sprach zum Volke: »Der Herr hat vom Anfang an, seit er seine Kirche gepflanzt und aufgebaut hat, sie durch heilige Männer erleuchtet, die sie durch ihr Wort und ihr Beispiel erziehen sollten; jetzt aber, in dieser jüngsten Stunde, hat er sie verherrlicht durch Franziskus, einen armen, verachteten und ungebildeten Menschen. Daher seid ihr gehalten, den Herrn zu lieben und zu ehren und euch vor der Sünde zu hüten. Denn nicht jedem Volke hat der Herr solches erwiesen.« Nach diesen Worten stieg der Bischof von dem Platze, auf dem er geredet hatte, herab und begab sich in die Kathedrale. Der selige Franziskus trat auf ihn zu, verneigte sich vor ihm, warf sich zu seinen Füßen nieder und sprach: »Wahrlich, ich sage Euch, mein Herr und Bischof, daß noch niemand in dieser Zeit mir eine so große Ehre erwiesen hat, wie Ihr es heute getan habt, denn die andern Menschen sagen: Dieser Mann ist ein heiliger Mann und geben die Ehre und die Heiligkeit mir und nicht dem Schöpfer, aber Ihr habt das Wertvolle vom Verächtlichen weise geschieden.«

Denn wenn der selige Franziskus gepriesen und heilig genannt wurde, so pflegte er auf solche Reden zu antworten: »Ich bin bis heute noch nicht sicher, daß ich meine Söhne und Töchter zu Recht besitze, denn wenn der Herr seinen Schatz, den er mir anvertraut hat, von mir nähme, was bliebe mir dann übrig, als ein Leib und eine Seele, die auch die Ungläubigen haben? Ja ich muß glauben, wenn der Herr einem Diebe und einem ungläubigen Menschen so viel Gutes erwiesen hätte wie mir, so würden sie dem Herrn treuer sein als ich. Denn wie durch ein auf Holz gemaltes Bild des Herrn und der seligen Jungfrau der Herr und die selige Jungfrau geehrt werden, und dennoch das Holz und das Bild diese Ehre nicht sich anrechnen, so ist der Knecht Gottes gleichsam ein Bild Gottes, durch das der Herr wegen seiner Güte geehrt wird; er selber aber darf keinen Anteil an dieser Ehre haben, denn vor dem Angesichte des Herrn ist er weniger als ein Stück Holz und ein Bild - ja er ist ein reines Nichts; und so muß er

Gott allein die Ehre und den Ruhm geben; für ihn selber aber bleibt die Scham und die Trauer, solange er im Elend dieser Welt lebt.«

Wie er bis zu seinem Tode unter seinen Begleitern einen Guardian haben und ihm untergeben sein wollte

DA ER BIS ZU SEINEM TODE IN VOLLENDETER DEmut und Unterwerfung leben wollte, sagte er, lange Zeit vor seinem Tode, zum Generalminister des Ordens: »Ich will, daß du einen meiner Begleiter zu deinem Stellvertreter machest, damit ich ihm gehorche wie dir; denn der Gehorsam ist ein großes Verdienst, und so will ich, daß du im Leben und im Tode stets bei mir bleibest.«

Von dieser Zeit an bis zu seinem Tode hatte er unter seinen Begleitern einen Guardian, und er gehorchte ihm wie dem Generalminister des Ordens. Und zuweilen sagte er zu seinen Gefährten: »Unter anderm hat der Herr mir auch diese Gnade erwiesen, daß ich einem Novizen, der heute in den Orden einträte und zu meinem Guardian bestimmt würde, genau so gewissenhaft gehorchen würde, wie dem Höchsten im Orden, der im Leben und im Orden alt geworden ist. Denn der Untergebene muß in seinem Vorgesetzten nicht einen Menschen sehen, sondern Gott, denn aus Liebe zu Gott hat er sich ihm unterworfen.« Und er sagte noch: »Es gibt auf der ganzen Welt keinen Vorgesetzten, der von seinen Untergebenen so gefürchtet wird, wie ich nach dem Willen Gottes von meinen Brüdern gefürchtet würde, wenn ich es wollte; aber der Herr hat mir die Gnade erwiesen, daß ich mit allem zufrieden bin, wie einer, welcher der geringste im Orden ist.«

Wir, die wir mit ihm gelebt haben, haben mit eigenen Augen gesehen - was er auch selber bezeugte -, daß er, sooft einige Brüder ihn in seinen Bedürfnissen nicht zufriedenstellten oder ihm irgendein Wort sagten, über das die Menschen zu erzürnen pflegen, sich sogleich zum Gebete begab, und wenn er zurückkehrte, sich an nichts mehr erinnern wollte; und er sprach auch nie: »Dieser hat mich nicht zufriedengestellt, und jener hat ein unrechtes Wort zu mir gesprochen.«

Und er blieb dieser Weise zu leben treu, und je mehr er sich seinem Tode näherte, desto besorgter war er, darauf zu achten, wie er in Demut und Armut und in der Vollendung aller Tugenden leben und sterben könne.

Was er über den vollendeten Gehorsam lehrte

DER HEILIGSTE VATER SPRACH ZU SEINEN BRÜDERN: »Liebste Brüder, ihr sollt jeden Auftrag auf das erste Wort hin erfüllen und nicht erwarten, daß man ihn euch zweimal sage; und ihr sollt nicht zum Vorwande der Unmöglichkeit greifen und nicht meinen, ein Auftrag sei in sich unmöglich. Denn wenn ich euch auch einen Auftrag über euere Kraft gebe, so wird es dennoch dem heiligen Gehorsam nie an Kräften fehlen.«

Wie er den vollendeten Gehorsam einem Leichnam verglich

ALS ER EINMAL BEI SEINEN GEFÄHRTEN SASS, seufzte er auf und sprach: »Vielleicht gibt es auf der ganzen Welt keinen Mönch, der seinem Vorgesetzten in der rechten Weise gehorcht!« Und sogleich sprachen seine Begleiter zu ihm: »Vater, sage uns, worin der höchste und vollendete Gehorsam besteht!« Und er antwortete ihnen und beschrieb den wahren und vollendeten Gehorsam unter dem Bilde eines Leichnams: »Nimm einen entseelten Leib und lege ihn hin, wo es dir gefällt. Und du wirst sehen, daß er mit keiner Bewegung Widerstand leistet, sich nicht über seine Lage beschwert, noch sich beklagt, wenn du ihn liegen lässest. Wenn er auf einer Kanzel erhöht wird, wird er nicht in die Höhe, sondern in die Tiefe blicken; wenn du ihn in Purpur einhüllst, wird er doppelt bleich werden. Er ist der wahrhaft Gehorsame, der nicht darüber urteilt, warum er bewegt wird, der sich nicht darum sorgt, wo man ihn hinlege und der nach keiner Veränderung verlangt. In den gewohnten Pflichten harrt er in Demut aus, und je mehr man ihn ehrt, für desto unwürdiger hält er sich.«
Heiligen Gehorsam nannte er die reine und schlichte

Erfüllung eines auferlegten Befehles, an dem der Wille des Gehorchenden keinen Teil habe. Aber für den höchsten Gehorsam, an dem Fleisch und Blut keinen Teil haben, hielt er es, von Gott berufen zu den Ungläubigen zu gehn, entweder um die Seelen der Nächsten zu gewinnen oder aus Sehnsucht nach dem Martyrium. Und er meinte, nach solchem Gehorsam zu streben, sei Gott sehr willkommen.

Wie gefährlich es ist, allzu schnell im »Namen des Gehorsams« zu befehlen und der Vorschrift des Gehorsams nicht zu gehorchen

DER SELIGE VATER MEINTE, MAN DÜRFE NUR SELten im »Namen des Gehorsams« befehlen, und man dürfe nicht gleich zu Beginn den Wurfspeer schleudern, denn das sei immer das Letzte. Und er sprach: »Wir dürfen unsere Hand nicht zu schnell an das Schwert legen.« Er meinte, wer der Vorschrift des Gehorsams nicht standhaft gehorche, der fürchte weder Gott, noch achte er den Menschen, es sei denn, er habe einen triftigen Grund, sich zu widersetzen.
Nichts ist wahrer als dieses Wort; denn was ist die Gewalt des Befehls bei einem unbesonnenen Herrscher anderes als ein Schwert in der Hand eines Wahnsinnigen? Und gibt es etwas Verzweifelteres als einen Mönch, der den Gehorsam vernachlässigt und verachtet?

Wie er den Brüdern antwortete, die ihn überreden wollten, ihnen ein Privileg zum freien Predigen zu verschaffen

EINIGE BRÜDER SPRACHEN ZUM SELIGEN FRANZISKUS: »Vater, siehst du nicht, daß uns die Bischöfe zuweilen das Predigen nicht erlauben, so daß wir oft an einem Orte mehrere Tage müßig sind, ehe wir das Wort des Herrn verkünden dürfen? Es wäre für das Heil der Seelen besser, wenn du den Papst um ein Privileg darüber bätest.«

Da tadelte er sie heftig und erwiderte ihnen: »Ihr Minderen-Brüder, ihr kennt den Willen Gottes nicht, und ihr erlaubt mir nicht, die Welt so zu bekehren, wie Gott es will; denn zuerst will ich durch heilige Demut und Ehrfurcht die Kirchenfürsten bekehren; und wenn diese unser heiliges Leben sehen und unsere demütige Ehrfurcht vor ihnen, dann werden sie euch bitten, zu predigen und das Volk zu bekehren. So kommt ihr auf bessere Weise zum Predigen, als durch euere Privilegien, die euch nur hochmütig machen. Wenn ihr von aller Habgier frei seid und das Volk anleitet, daß es der Kirche ihr Recht gebe, dann werden sie euch selber bitten, beim Volke die Beichte zu hören. Aber darum braucht ihr euch nicht zu sorgen, denn wenn die Menschen erst bekehrt sind, dann werden sie schon Beichtiger finden. Ich aber will vom Herrn das Privileg, daß ich niemals von einem Menschen ein Privileg empfange, es sei denn dieses, daß ich allen meine Ehrfurcht erweise und in meinem Gehorsam gegen die heilige Regel die Welt mehr durch mein Beispiel als durch meine Worte bekehre.«

Wie die Brüder in jener Zeit sich untereinander versöhnten, wenn sie sich gegenseitig erzürnt hatten

DER SELIGE FRANZISKUS GLAUBTE, DIE BRÜDER seien in dieser jüngsten Zeit von Gott gesandt, um den in der Finsternis wandelnden Sündern das Licht zu bringen. Und er fühlte sich von den süßesten Düften umgeben und mit kostbarer Salbe gesalbt, sooft er von den großen Taten der heiligen Brüder hörte, die über die Welt zerstreut waren.

Es geschah einmal, daß ein Bruder vor einem vornehmen Herrn von der Insel Cypern einem andern Bruder ein unrechtes Wort sagte. Als er sah, daß sein Bruder darüber ein wenig verwirrt war, entbrannte er gleichsam vor Rache gegen sich selbst, nahm den Mist eines Esels in seinen Mund, zerrieb ihn mit seinen Zähnen und sprach: »Mist kauen soll der Mund, der meinen Bruder mit dem Gift des Zornes besudelte!« Als jener Mann das sah, erstaunte er gewaltig und ward sehr erbaut und überließ von diesem Augenblicke an sich und all das seinige dem Willen der Brüder.

Es herrschte bei den Brüdern die Sitte, daß, wenn einer von ihnen dem andern ein unrechtes oder unüberlegtes Wort gesagt hatte, er sich sogleich dem erzürnten Bruder zu Füßen warf und ihn demütig um Verzeihung bat. Und der heilige Vater freute sich darüber, wenn er hörte, daß seine Söhne von sich aus Beispiele der Heiligkeit gaben; und mit der Fülle seines Segens überhäufte er die Brüder, die durch ihr Wort und durch ihr Beispiel die Sünder zur Liebe Christi zurückführten. Denn da er in vollendeter Weise vom Eifer für die Seelen erfüllt war, so wollte er, daß ihm auch seine Söhne in wahrhaftiger Ähnlichkeit nachfolgten.

Wie Christus bei Bruder Leo, dem Gefährten des seligen Franziskus, über die Undankbarkeit und den Hochmut der Brüder klagte

ES SPRACH EINMAL DER HERR JESUS CHRISTUS ZU Bruder Leo, dem Begleiter des seligen Franziskus: »Bruder Leo, ich bin betrübt über die Brüder.« Und Bruder Leo erwiderte ihm: »Aus welchem Grunde, Herr?« Und der Herr sprach: »Aus drei Gründen: weil sie die Wohltaten nicht anerkennen, die ich, wie du weißt, in freigebiger Fülle an sie austeile, da sie nicht säen und nicht ernten; dann, weil sie stets unzufrieden und müßig sind; und endlich, weil sie so oft einander gegenseitig erzürnen und nicht zur Liebe zurückkehren und das erlittene Unrecht nicht verzeihen.«

Wie er in Demut und Wahrheit einem Doktor vom Orden der Dominikaner antwortete, der ihn über ein Wort der Schrift befragte

ALS ER EINMAL BEI SIENA WEILTE, BESUCHTE IHN ein Doktor der heiligen Theologie vom Orden der Dominikaner, ein sehr demütiger und frommer Mann. Als er mit dem seligen Franziskus eine Weile über die Worte des Herrn gesprochen hatte, fragte er ihn über das Wort des Propheten Ezechiel: »Wenn du dem Gottlosen seine Schuld nicht offenbarst, dann werde ich seine Seele von deiner Hand verlangen.« [Cf. Ez. 3, 18.] Und er sprach: »Guter Vater, ich kenne viele, die im Stande der Todsünde sind und denen ich ihre Gottlosigkeit nicht offenbare: wird ihre Seele von meiner Hand gefordert werden?«

Da sagte ihm der selige Franziskus in Demut, er sei ein Laie und es stehe ihm besser an, sich von ihm belehren zu lassen, als ihm über einen Satz der Heiligen Schrift Rechenschaft zu geben. Und jener demütige Doktor fügte hinzu: »Bruder, ich habe zwar von einigen Gelehrten die Auslegung dieses Wortes gehört, aber dennoch würde ich deine Meinung darüber gerne erfahren.« Und es sprach zu ihm der selige Franziskus: »Wenn dieses Wort allgemein verstanden werden muß, dann fasse ich es so auf, daß der Knecht Gottes in seinem Leben derart von Heiligkeit glühen und leuchten soll, daß er durch das Licht seines Beispiels und das Wort seiner heiligen Rede allen Gottlosen ein Vorwurf ist.«

Jener Doktor war sehr erbaut und sprach, als er sich entfernte, zu den Gefährten des seligen Franziskus: »Meine Brüder, die Theologie dieses Mannes gleicht durch ihre Reinheit und durch die Tiefe ihrer Betrachtung dem Fluge eines Adlers; unsere Wissenschaft aber kriecht mit dem Bauche auf der Erde dahin.«

Über die Demut und den Frieden im Umgang mit den Klerikern

WENN AUCH DER SELIGE FRANZISKUS WOLLTE, daß seine Söhne mit allen Menschen in Frieden lebten und gering seien vor allen, so lehrte er sie dennoch durch sein Wort und sein Beispiel besondere Demut vor allen Klerikern.

Und er sprach: »Zum Heile der Seelen sind wir den Klerikern zu Hilfe gesandt, damit wir einspringen, wo jene versagen. Denn ein jeder wird seinen Lohn empfangen nicht nach seiner Würde, sondern nach seinen Taten. Brüder, ihr sollt wissen, daß es dem Herrn überaus willkommen ist, die Seelen für ihn zu gewinnen, und das können wir besser im Frieden als in Uneinigkeit mit den Klerikern erreichen. Wenn aber diese selbst dem Heile der Völker im Wege sind, so gehört Gott die Rache, und er wird es ihnen zu seiner Zeit vergelten. Seid also den Kirchenfürsten untertan, damit nicht, soviel an euch liegt, böser Eifer euch verzehre. Wenn ihr Söhne des Friedens seid, dann werdet ihr den Klerus und das Volk gewinnen, und das wird Gott willkommener sein, als wenn ihr das Volk gewinnt und dem Klerus ein Ärgernis gebt. Decket ihre Fehler zu und ertragt ihre zahllosen Unvollkommenheiten; und wenn ihr das tut, werdet ihr demütiger sein.«

Wie er in Demut zu Assisi von einem Abte des heiligen Benedikt die Kirche von S. Maria de Angelis empfing, und wie er wollte, daß die Brüder stets dort weilten und daselbst ein Leben in Demut führten

ALS DER SELIGE FRANZISKUS SAH, DASS DER HERR die Zahl seiner Brüder vermehren wollte, sprach er zu ihnen: »Meine liebsten Brüder und Söhne, ich sehe, daß der Herr uns vermehren will. Daher erscheint es mir gut und fromm, daß wir uns vom Bischof oder von den Domherren von St. Rufin oder vom Abte des heiligen Benedikt eine Kirche verschaffen, wo die Brüder ihre Tagzeiten beten können und neben der sie aus Lehm und Zweigen ein kleines ärmliches Haus bauen sollen, um dort zu ruhen und zu arbeiten. Denn das Haus, das wir jetzt haben, ist nicht würdig und reicht für die Brüder nicht mehr aus, da der Herr sie vermehren will; vor allem aber haben wir hier keine Kirche, wo die Brüder ihre Tagzeiten beten können. Und wenn ein Bruder stürbe, so wäre es nicht schicklich, ihn hier oder in der Kirche der Weltgeistlichen zu begraben.« Diese Rede gefiel allen Brüdern.

Er ging also zum Bischof von Assisi und legte ihm seine Bitte vor. Und der Bischof sprach zu ihm: »Bruder, ich habe keine Kirche, die ich euch geben könnte.« Und das gleiche erwiderten ihm die Domherren.

Da ging er zum Abte des heiligen Benedikt auf dem Monte Subasio und sagte ihm die gleichen Worte. Und der Abt hatte Mitleid mit ihm, beriet sich mit seinen Mönchen, und mit der Hilfe der Gnade und des göttlichen Willens gab er dem heiligen Franziskus und seinen Brüdern die Kirche von S. Maria von Portiuncula, welches die kleinste und ärmlichste Kirche war, die sie hatten. Und es sprach der Abt zum seligen Franziskus: »Bruder, wir haben deine Bitte erhört. Wenn aber der Herr euere Gemeinschaft vermehrt, dann soll dieser Ort der Mittelpunkt eueres Ordens werden.«

Diese Rede gefiel dem seligen Franziskus und seinen Brüdern. Und der selige Franziskus freute sich sehr über den Platz, den man den Brüdern geschenkt hatte, vor allem weil die Kirche nach der Mutter Christi genannt war und weil es eine so kleine und ärmliche Kirche war; und auch darüber, daß sie den Beinamen »von Portiuncula« hatte, weil dadurch versinnbildlicht wurde, daß sie die Mutter und das Haupt der armen Minderen-Brüder sein werde. Denn sie wurde »von Portiuncula« genannt, weil früher jene ganze Landschaft Portiuncula hieß.

Und es sprach der selige Franziskus: »Darum wollte der Herr nicht, daß den Brüdern eine andere Kirche geschenkt werde, noch daß damals die ersten Brüder sich eine neue Kirche bauten; denn sie sollten nur diese Kirche haben, und in ihr hat sich eine Prophezeiung von der Ankunft der Minderen-Brüder erfüllt.«

Und obgleich die Kirche ärmlich und beinahe zerstört war, so hatten doch die Einwohner der Stadt Assisi und jener ganzen Landschaft die höchste Verehrung für sie. Sie haben diese Verehrung bis auf den heutigen Tag, und sie wird täglich größer. Und nachdem die Brüder gekommen waren, um dort zu bleiben, vermehrte der Herr fast täglich ihre Zahl, und der Wohlgeruch ihres Ruhmes verbreitete sich auf wunderbare Weise durch das ganze Tal des Spoleto und über viele Länder der Welt.

Früher jedoch wurde die Kirche »S. Maria de Angelis« genannt, weil dort, wie man sagte, oft die Gesänge der Engel gehört wurden.

Und obgleich der Abt und die Mönche dem seligen Franziskus die Kirche geschenkt hatten, so wollte dennoch der selige Franziskus als ein guter und erfahrener Lehrer sein Haus, das heißt seinen Orden, auf den festen Felsen der äußersten Armut gründen, und er sandte zum Zeichen der größeren Demut und Armut dem Abte und seinen Mönchen jährlich ein Körbchen mit kleinen Fischen. Denn die Brüder sollten kein Haus als ihr Eigentum besitzen, und sie sollten in keinem Hause bleiben, das nicht einem andern gehörte, damit die Brüder niemals die Möglichkeit hätten, es auf irgendeine Weise zu verkaufen oder zu verpfänden. Wenn aber die Brüder alljährlich den Mönchen die Fischlein brachten, gaben ihnen diese, wegen der Demut des heiligen Franziskus, der dieses freiwillig tat, ein Gefäß voll Öl.

Aber wir, die wir mit dem seligen Franziskus gelebt haben, bezeugen, was er selbst ausdrücklich von jener Kirche beteuert hat: Daß ihm darin offenbar wurde, daß er wegen der vielen Gnaden, die der Herr ihm dort schenkte, unter allen der seligen Jungfrau geweihten Kirchen der Welt diese Kirche am innigsten liebe. Daher war er seit jener Zeit von höchster Ehrfurcht und Frömmigkeit gegen diese Kirche erfüllt; und damit die Brüder die Erinnerung daran stets in ihrem Herzen trügen, ließ er bei seinem Tode in seinem Testamente aufschreiben, daß alle Brüder ihm in dieser Liebe gleichen sollten. Und um die Zeit seines Todes sprach er zum Generalminister des Ordens und zu den andern Brüdern: »Die Kirche von S. Maria von Portiuncula will ich den Brüdern als mein Erbe vermachen, damit ihr die Brüder stets in höchster Frömmigkeit und Ehrfurcht begegnen.

Die älteren Brüder des Ordens haben das auch getan: denn weil diese Kirche heilig war und von Christus und der ruhmreichen Jungfrau geliebt und auserwählt, hüteten sie ihre Heiligkeit Tag und Nacht durch ausdauerndes Beten und Schweigen. Und wenn die Brüder zuweilen das Schweigen unterbrachen und miteinander redeten, so sprachen sie in höchster Frömmigkeit und Zucht nur von dem, was zum Lobe Gottes und zum Heile der Seele gehört. Und wenn es vorkam, daß Einer unnütze und müßige Worte sprach — was freilich nur selten geschah - so wurde er sogleich von einem andern Bruder getadelt.

Sie peinigten ihr Fleisch durch vieles Fasten und Nachtwachen, durch das Ertragen der Kälte und äußersten Armut und durch die Arbeit ihrer Hände. Um nicht müßig zu sein, halfen sie häufig den Armen bei der Bestellung ihrer Felder und gaben ihnen dann aus Liebe zu Gott von ihrem eigenen Brote. Durch diese und andere Tugendübungen heiligten sie diesen Ort und verharrten in heiligem Lebenswandel. Weil aber jetzt mehr Brüder und Weltleute kommen, als es früher üblich war, und der Gebets- und Tugendeifer der Brüder sich immer mehr abkühlt und die Brüder in müßigen Reden und im Erzählen der Neuigkeiten dieser Welt sich immer mehr gehen lassen, wird dieser Ort jetzt nicht mehr so fromm und ehrfürchtig verehrt wie bisher, und wie ich es gerne wollte.«

Nachdem der selige Franziskus diese Worte gesprochen hatte, beschloß er mit großer Glut des Geistes seine Rede: »Daher will ich, daß dieser Ort stets unter der unmittelbaren Gewalt des Generalministers und obersten Dieners des Ordens stehe, damit er sich hier für unsere gute und heilige Familie besser sorgen und mühen könne.

Die Kleriker sollen aus den besten, heiligsten und ehrwürdigsten Brüdern des Ordens gewählt werden, und nur solche, welche die heilige Messe würdig lesen; damit nicht nur die Weltleute, sondern auch die andern Brüder sie gerne und in großer Frömmigkeit sehen und hören. Und von den Laienbrüdern sollen nur heilige, weise, demütige und ehrbare Menschen zu ihrem Dienste bestellt werden. Ich will

auch, daß außer dem Generalminister und den Brüdern, die ihm dienen, niemand, auch kein Bruder, diesen Ort betrete. Und diese selbst sollen mit niemand sprechen, als mit den Brüdern, die ihnen dienen, und mit dem Provinzialminister, wenn er sie besucht. Auch will ich, daß die Laienbrüder niemals Müßiges reden und sich die Neuigkeiten dieser Welt erzählen, noch irgend etwas, das ihren Seelen nicht nützt. Und darum vor allem will ich, daß niemand sonst diesen Ort betrete, damit seine Reinheit und Heiligkeit besser gewahrt sei; denn es soll an diesem Orte nichts Unnützes getan oder geredet werden, sondern er soll durch Lieder und Lobpreisungen Gottes geheiligt werden.
Und wenn einer jener Brüder zum Herrn geht, so will ich, daß der Generalminister an seine Stelle einen andern heiligen Bruder - woher dieser auch sei - sende. Denn wenn auch die andern Brüder zuweilen vom Wege der Heiligkeit und Ehrbarkeit abirren, so will ich doch, daß dieser Ort hier geweiht und immerdar ein Spiegel und ein gutes Vorbild für den ganzen Orden sei und wie ein Leuchter vor dem Throne Gottes und der seligen Jungfrau brenne und leuchte. Und der Herr möge um seinetwillen die Fehler und Sünden aller Brüder vergeben und diesen seinen Orden und sein Pflänzchen stets bewahren und behüten.«

Von der demütigen Ehrfurcht, die er den Kirchen bezeugte, indem er sie ausfegte und reinigte

ALS DER SELIGE FRANZISKUS BEI S. MARIA VON Portiuncula weilte und erst wenige Brüder bei ihm waren, ging er in die Städte und Kirchen in der Umgebung von Assisi, verkündend und den Menschen predigend, Buße zu tun. Und er trug einen Besen bei sich, um die unsauberen Kirchen auszufegen, denn es schmerzte den seligen Franziskus sehr, wenn er eine Kirche sah, die nicht so rein war, wie er es wollte.

Und so versammelte er nach seiner Predigt alle anwesenden Priester an einem verborgenen Platz, damit die Weltleute ihnen nicht zuhörten, und redete zu ihnen vom Heile der Seelen und im besonderen von der Sorge für die Sauberkeit der Kirchen und Altäre und aller Dinge, die zur Feier der göttlichen Geheimnisse gehören.

Von dem Bauern, der ihn in Demut eine Kirche ausfegen sah, sich bekehrte, in den Orden eintrat und ein heiliger Bruder ward

ER BEGAB SICH EINMAL IN EINE KIRCHE DER Stadt Assisi und begann in Demut, sie auszufegen und zu reinigen. Und sogleich ging die Kunde davon durch die ganze Stadt. Denn die Menschen dort sahen ihn gerne und hörten ihn noch lieber. Als aber

ein Bauer, Johannes geheißen, ein Mann von wunderbarer Einfalt, der gerade seinen Acker pflügte, das hörte, begab er sich sogleich zu ihm und fand ihn, wie er demütig und fromm die Kirche ausfegte.
Und während alle andern sich niedersetzten, sprach er zum seligen Franziskus: »Bruder, ich hatte schon lange den Willen, Gott zu dienen, vor allem seit ich von dir und deinen Brüdern hörte, aber ich wußte nicht, wie ich zu dir kommen sollte. Da es aber dem Herrn jetzt gefallen hat, daß ich dich sehe, will ich alles tun, was dir gefällt.«
Der selige Franziskus sah seine Glut und frohlockte im Herrn, weil er damals nur wenige Brüder hatte, und es schien ihm, als würde er wegen seiner Einfalt und Reinheit ein guter Mönch werden. Er sprach aber zu ihm: »Bruder, wenn du zu unserm Leben und zu unserer Gemeinschaft gehören willst, dann mußt du dich von allem entblößen, was du ohne Ärgernis weggeben kannst, und es nach dem Rate des heiligen Evangeliums den Armen geben, denn alle meine Brüder haben es getan, soweit sie es vermochten.«
Als der Bauer das gehört hatte, ging er sogleich zu dem Acker, wo er die Ochsen zurückgelassen hatte, und schirrte sie ab. Einen davon führte er zum seligen Franziskus und sprach zu ihm: »Bruder, so viele Jahre habe ich meinem Vater und allen meinen Hausgenossen gedient. Und wenn dieses mein Erbe auch nur klein ist, so will ich dennoch diesen Ochsen als mein einziges Erbe den Armen geben, weil es dir so gefällt.«

Als aber die Eltern und seine Brüder, die noch klein waren, sahen, daß er sie verlassen wollte, fingen alle, die zu seinem Hause gehörten, heftig an zu weinen und setzten ihm unter Tränen mit schmerzerfüllten Worten zu, so daß der selige Franziskus von Mitleid ergriffen wurde, weil es eine große und sehr hilflose Familie war. Und es sprach zu ihnen der selige Franziskus: »Bereitet uns allen ein Mahl, und wir werden alle bei euch essen, und weinet nicht, denn ich werde euch sehr fröhlich machen.« Jene aber bereiteten sofort das Mahl, und sie aßen alle zusammen mit großer Freude.
Nach dem Mahle aber sprach zu ihnen der selige Franziskus: »Dieser euer Sohn will Gott dienen, und darüber dürft ihr nicht traurig sein, sondern ihr müßt euch sehr darüber freuen. Denn es ist für euch nicht nur bei Gott, sondern auch in der Welt eine große Ehre und dient dem Heile der Seele und des Leibes, wenn aus euerm Fleische Gott geehrt wird; und alle unsere Brüder werden euere Söhne und Brüder sein. Doch weil er ein Geschöpf Gottes ist und seinem Schöpfer dienen will, kann und darf ich ihn euch nicht zurückgeben; damit ihr aber einen Trost dafür habet, will ich, daß er sich dieses Ochsen enteigne und ihn euch gebe, weil ihr arm seid, wenn er ihn auch nach dem Evangelium andern Armen geben müßte.« Und es wurden alle getröstet durch die Worte des seligen Franziskus, und besonders freuten sie sich über den Ochsen, der ihnen zurückgegeben wurde, denn sie waren sehr arm.
Und weil der selige Franziskus bei sich und bei

andern die reine und heilige Einfalt sehr liebte, bekleidete er ihn sogleich mit dem Ordensgewande und nahm ihn in Demut als seinen Gefährten mit sich. Er war aber von so großer Einfalt, daß er alles, was der selige Franziskus tat, auch tun zu müssen glaubte. Wenn daher der selige Franziskus in einer Kirche oder in einem andern Hause stand, um zu beten, wollte jener ihn sehen, um sich in allen Bewegungen und Gebärden ihm völlig anzugleichen. Und wenn der selige Franziskus die Knie beugte oder die Hände zum Himmel erhob oder ausspuckte oder hustete oder seufzte, so tat er dieses alles in gleicher Weise. Als aber der selige Franziskus dies bemerkte, freute er sich sehr, tadelte ihn aber doch für diese Einfalt. Aber jener antwortete ihm: »Bruder, ich habe versprochen, alles zu tun, was du tust, und so muß ich dir in allem gleich werden.« Und der selige Franziskus wunderte und freute sich darüber, als er in ihm eine so große Reinheit und Einfalt sah.

Er machte aber später in allen Tugenden und in seinem guten Lebenswandel solche Fortschritte, daß der selige Franziskus und die andern Brüder sich über seine Vollendung gar sehr wunderten. Und nach kurzer Zeit starb er mitten in seinem heiligen Voranschreiten in den Tugenden. Und der selige Franziskus erzählte später den Brüdern mit großer Freude des Geistes und des Leibes seine Bekehrung, und er nannte ihn nicht den Bruder Johannes, sondern den heiligen Johannes.

Wie er sich selbst bestrafte, indem er mit einem Aussätzigen, den er beleidigt hatte, aus einer Schüssel aß

ALS DER SELIGE FRANZISKUS EINMAL NACH S. MAria von Portiuncula zurückkehrte, fand er daselbst Bruder Jakob, den Einfältigen, zusammen mit einem von vielen Geschwüren bedeckten Aussätzigen. Der selige Franziskus hatte ihm nämlich selber diesen sowie alle andern Aussätzigen empfohlen, da er gleichsam ihr Arzt war und ihre Wunden gerne berührte, reinigte und heilte. Denn damals hielten sich die Brüder in den Hospitälern der Aussätzigen auf.

Und es sprach der selige Franziskus zu Bruder Jakob, als wollte er ihn tadeln: »Du solltest unsere Brüder in Christus nicht herumführen, denn es schickt sich weder für dich noch für sie.« Denn er wollte zwar, daß er den Aussätzigen diene, aber er wollte nicht, daß er die, welche mit sehr vielen Wunden bedeckt waren, aus dem Hospital herausführte, weil die Menschen sich vor ihnen so sehr zu entsetzen pflegten. Bruder Jakob aber war so einfältig, daß er mit den Kranken vom Hospital bis zur Kirche von S. Maria von Portiuncula ging, als wenn er mit den Brüdern ginge. Die Aussätzigen aber nannte der selige Franziskus »unsere Brüder in Christus«.

Und als der selige Franziskus jene Worte gesprochen hatte, bereute er sie sogleich, denn er glaubte, durch den Vorwurf, den er dem Bruder Jakob gemacht hatte, habe er den Aussätzigen beleidigt. Und er wollte vor Gott und dem Aussätzigen Buße tun und beichtete seine Schuld dem Bruder Petrus von Catania, welcher damals Generalminister war. Und er sprach: »Ich will, daß du mir die Buße bestätigst, die ich für diese Sünde gewählt habe, und mir in keiner Weise widersprichst.« Und jener antwortete ihm: »Bruder, tue, was dir gefällt.« Denn Bruder Petrus verehrte und fürchtete ihn so sehr, daß er ihm nie zu widersprechen wagte, worüber er sich oft sehr betrübte.

Dann sprach der selige Franziskus: »Das soll meine Buße sein, daß ich mit meinem Bruder in Christus gleichzeitig aus einer Schüssel esse.« Und als sich der selige Franziskus mit dem Aussätzigen und mit den andern Brüdern zu Tisch gesetzt hatte, wurde eine einzige Schüssel zwischen den seligen Franziskus und den Aussätzigen gestellt. Dieser war aber ganz mit Geschwüren bedeckt und ekelhaft anzusehen; er hatte zusammengekrümmte und blutende Finger; und so oft er die Speise aus der Schüssel nahm, floß Blut und Eiter aus den Fingern in die Schüssel. Als Bruder Petrus und die andern Brüder das sahen, wurden sie sehr traurig, aber aus Angst und Ehrfurcht vor dem heiligen Vater wagten sie nichts zu sagen.

Der das gesehen hat, hat es aufgeschrieben und legt Zeugnis dafür ab.

Wie er mit Worten der Demut die Dämonen vertrieb

DER SELIGE FRANZISKUS KAM EINMAL ZU DER Kirche des seligen Petrus von Bovario bei Trevi im Tale des Spoleto. Bei ihm war Bruder Pacificus, der in der Welt der König der Dichter genannt wurde und am Hofe ein vornehmer Lehrer der Musik gewesen war.

Jene Kirche war leer, und der selige Franziskus sprach zum seligen Pacificus: »Kehre zurück in das Hospital der Aussätzigen, denn ich will diese Nacht allein hier bleiben, und morgen sollst du in aller Frühe wieder zu mir kommen.«

Als er allein geblieben war und die Komplet und die andern Gebete gesprochen hatte, wollte er ruhen und schlafen, aber er konnte es nicht. Da begann sein Geist sich sehr zu fürchten und die Versuchungen des Teufels zu spüren; und sogleich ging er aus der Kirche hinaus, bekreuzigte sich und sprach: »Im Namen Gottes, des Allmächtigen, befehle ich euch, ihr Dämonen, meinen Leib zu quälen, soviel es euch der Herr Jesus Christus erlaubt, denn ich bin bereit, alles zu ertragen! Denn da mein Leib mein größter Feind ist, werdet ihr mich an meinem Widersacher und schlimmsten Feinde rächen.«

Und sogleich hörten jene Versuchungen völlig auf, und er kehrte in die Kirche zurück, legte sich nieder und schlief in Frieden.

Wie Bruder Pacificus in einer Vision sah und hörte, daß der Thron des Luzifer für den demütigen Franziskus bereitet sei

ALS AM FRÜHEN MORGEN BRUDER PACIFICUS ZUrückkehrte, stand der selige Franziskus im Gebet vor dem Altar. Und Bruder Pacificus wartete auf ihn im Chorraum und betete vor dem Kruzifix. Und als er begonnen hatte zu beten, wurde er emporgehoben und in den Himmel getragen - »ob im Leibe oder außer dem Leibe, das weiß Gott allein« [2. Kor. 12, 2] -, und er sah im Himmel viele Throne und darunter einen, der größer war und herrlicher und leuchtender als alle andern und mit kostbaren Steinen aller Art geschmückt. Und er bewunderte seine Schönheit und dachte bei sich, wem wohl dieser Thron gehöre. Und sogleich hörte er eine Stimme, welche zu ihm sprach: »Dieses war der Thron des Luzifer, und statt seiner wird der demütige Franziskus auf ihm sitzen.«

Und als er wieder zu sich gekommen war, kam der selige Franziskus zu ihm heraus, und der Bruder warf sich zu seinen Füßen nieder, verschränkte die Arme in der Form eines Kreuzes und sprach zu ihm, als sähe er ihn schon im Himmel auf jenem Throne sitzen: »Vater, sei mir gnädig, und bitte den Herrn, daß er sich meiner erbarme und mir meine Sünden vergebe.« Der selige Franziskus aber streckte seine Hand aus und hob ihn auf, weil er sogleich erkannte, daß er im Gebet eine Vision gehabt habe. Denn er

schien völlig verändert und sprach zum seligen Franziskus nicht wie zu einem im Fleische Lebenden, sondern wie zu einem, der schon im Himmel regiert.
Weil er aber dem seligen Franziskus seine Vision nicht erzählen wollte, begann er später einmal ein Gespräch mit ihm und fragte ihn unter anderm: »Wofür hältst du dich selbst, Bruder?« Und es erwiderte ihm der selige Franziskus: »Es scheint mir, daß ich ein größerer Sünder bin, als irgendein Mensch auf der ganzen Welt.« Und alsogleich ward der Seele des Bruders Pacificus geoffenbart: »Daran kannst du erkennen, daß die Vision, welche du gesehen hast, wahr ist: so wie Luzifer wegen seines Hochmutes von jenem Throne herabgeworfen worden ist, wird Franziskus wegen seiner Demut erhöht werden und auf ihm sitzen.«

Wie er sich nackt mit einem Strick um den Hals vor das Volk führen ließ

ALS ER EINMAL VON SEINER SCHLIMMSTEN KRANKheit ein wenig geheilt war, schien es ihm, als habe er während seiner Krankheit zu gut gegessen, obgleich er nur wenig gegessen hatte. Und er erhob sich eines Tages, als er noch nicht ganz vom Fieber frei war, und ließ das Volk der Stadt Assisi zu einer Predigt auf dem Marktplatz zusammenrufen.
Nach der Predigt aber befahl er dem Volke, nicht eher wegzugehen, als bis er zurückgekehrt sei, und begab sich in die Kathedrale des heiligen Rufin, zu-

sammen mit vielen Brüdern und mit Bruder Petrus von Catania, der Domherr an dieser Kirche war und den der selige Franziskus zum ersten Generalminister bestimmt hatte. Und er befahl dem Bruder Petrus, er möge ihm ohne Widerrede gehorchen und tun, was er ihm sagen werde, und Bruder Petrus antwortete ihm: »Bruder, ich darf mit mir und mit dir nichts anderes wollen und tun, als was dir gefällt.«
Da zog der selige Franziskus seine Kutte aus und befahl ihm, einen Strick um seinen Hals zu legen und ihn vor allem Volke nackt bis an den Platz zu führen, wo er gepredigt hatte. Und einem andern Bruder befahl er, eine Schüssel zu nehmen, sie mit Asche zu füllen und sich gleichfalls an den Platz zu begeben, wo er gepredigt hatte, und wenn er dorthin geführt würde, solle er ihm die Asche über das Haupt schütten. Doch dieser Bruder gehorchte ihm nicht aus frommer Scheu und weil er zu großes Mitleid mit ihm hatte. Bruder Petrus aber nahm einen Strick, band ihn um seinen Hals und zog ihn hinter sich her, wie er es ihm befohlen hatte. Aber er weinte dabei sehr heftig, und die andern Brüder vergossen mit ihm bittere Tränen des Mitleids.
Und als der selige Franziskus vor allem Volke nackt bis an den Platz, wo er gepredigt hatte, geführt worden war, sprach er: »Ihr und alle andern, die ihr nach meinem Beispiele die Welt verlassen habt und in den Orden und in die Lebensgemeinschaft der Brüder eingetreten seid, haltet mich für einen Heiligen, aber ich bekenne vor Gott und vor euch, daß ich in meiner Krankheit Fleisch und Fleischbrühe gegessen

habe.« Da begannen fast alle über ihn zu weinen, aus frommer Scheu und übergroßem Mitleid, denn es war damals Winterszeit und sehr kalt, und er war noch nicht vom Fieber frei.
Und sie schlugen an ihre Brust, klagten sich selber an und sprachen: »Wenn dieser Heilige sich unter so großer Peinigung seines Leibes der berechtigten Befriedigung eines Bedürfnisses anklagt, er, von dessen Leben wir wissen, daß es heilig ist, und der so hart gefastet hat und vom Anfang seiner Bekehrung zu Christus an seinen Leib so streng behandelt, daß wir ihn unter uns wandeln sehen, als wäre sein Fleisch schon tot - was sollen wir Elenden dann machen, die wir unser ganzes Leben in den Gelüsten des Fleisches verbracht haben und es noch immer so verbringen?«

Wie er wollte, daß es allen bekannt würde, welche Erleichterungen er seinem Leibe bewilligte

EIN ANDERMAL ASS ER IN EINER EINSIEDELEI während der Fasten des heiligen Martin eine Speise, die mit Speck gekocht war, da er wegen seiner Krankheit das Öl nicht vertrug. Nach der Fastenzeit aber predigte er dem Volke und begann seine Predigt mit den Worten: »Ihr seid in großer Frömmigkeit zu mir gekommen, denn ihr haltet mich für einen Heiligen, aber ich bekenne vor Gott und vor euch, daß ich während der Fastenzeit Speisen gegessen habe, die mit Speck gekocht waren.«

Und fast immer, wenn er bei Weltleuten gegessen hatte oder die Brüder ihm wegen seiner Krankheiten eine Erleichterung für seinen Leib verschafft hatten, pflegte er im Hause und außer dem Hause, vor den Brüdern und vor Weltleuten, die nichts davon wußten, offen zu bekennen: »Ich habe diese Speise gegessen.« Denn er wollte nicht, daß den Menschen verborgen bliebe, was dem Herrn offenbar war. Und wenn sein Geist irgendwo und vor irgendwelchen Mönchen oder Weltleuten zum Hochmut oder zu eitler Ruhmsucht oder zu irgendeinem andern Laster versucht wurde, so pflegte er sogleich mit nackten und unverhüllten Worten ein Bekenntnis vor ihnen abzulegen. Und so sprach er einmal zu seinen Gefährten: »In der Wildnis und an allen andern Orten, an denen ich weile, will ich so leben, als ob alle Menschen mich sähen. Denn wenn sie mich für einen Heiligen halten, so wäre ich ein Heuchler, wenn ich nicht lebte, wie es sich für einen Heiligen geziemt.«
So wollte ihm einmal einer seiner Gefährten, welcher Guardian war, wegen der Erkrankung seiner Milz und einer Erkältung seines Magens auf die Unterseite seiner Kutte ein Stück Fuchsfell nähen, denn es war damals sehr kalt. Da sprach aber der selige Franziskus zu ihm: »Wenn du willst, daß ich unter meiner Kutte ein Fuchsfell trage, dann laß mir auch auf die Außenseite meiner Kutte ein Stück dieses Felles nähen, damit alle Menschen dadurch erfahren, daß ich auf der Innenseite ein Fuchsfell trage.« Und so ließ er es machen, doch trug er das Fell nur wenig, obgleich er es sehr nötig brauchte.

Wie er sich der eitlen Ruhmsucht beim Almosengeben beschuldigte

ALS ER EINMAL DURCH ASSISI GING, BAT IHN EIN armes altes Weib aus Liebe zu Gott um ein Almosen, und er gab ihr sogleich den Mantel, den er auf dem Rücken hatte. Und alsobald bekannte er ohne Zögern denen, die ihm folgten, daß er es aus eitler Ruhmsucht getan habe.

Und wir, die wir mit ihm gelebt haben, haben so viele ähnliche Beispiele seiner höchsten Demut gesehen und gehört, daß wir sie weder durch das Wort, noch durch die Schrift zu erzählen vermögen.

Das höchste und vorzüglichste Streben des seligen Franziskus ging aber danach, daß er vor Gott kein Heuchler sei. Und wenn er auch wegen seiner Krankheiten oft eine bessere Kost nötig hatte, so war er dennoch stets besorgt, den Brüdern und den andern Menschen ein gutes Beispiel zu geben, indem er geduldig alle Entbehrungen ertrug, um ihnen jeden Anlaß zur Klage zu nehmen.

Wie er an sich selbst den Zustand der vollendeten Demut beschrieb

ALS DIE ZEIT DES GENERALKAPITELS HERANNAHTE, sprach der selige Franziskus zu seinen Gefährten: »Ich glaube nicht, daß ich ein Minderer-Bruder bin, wenn ich nicht in dem Zustand bin, den ich euch jetzt beschreiben will: Siehe, die Brüder laden mich in großer Ehrfurcht und Ergebenheit zum Generalkapitel ein. Und da mich ihre Frömmigkeit rührt, gehe ich mit ihnen zum Generalkapitel. Die dort Versammelten aber bitten mich, ihnen das Wort zu verkünden und zu predigen. Und dann stehe ich auf und predige ihnen, wie mich der Heilige Geist belehrt.

Nach der Predigt aber sollen mir alle zurufen: ‚Wir wollen nicht, daß du über uns herrschest, denn du bist uns nicht beredt genug und bist zu einfältig und töricht. Wir schämen uns sehr, einen so einfältigen und verächtlichen Menschen als Vorgesetzten über uns zu haben, und daher sollst du dir nicht anmaßen, dich unsern Vorgesetzten zu nennen!' Und so sollen sie mich mit Schmach und Schande hinauswerfen. Denn ich glaube nicht, daß ich ein Minderer-Bruder bin, wenn ich mich nicht in gleicher Weise freue, ob sie mich verächtlich behandeln und mit Schande hinauswerfen und nicht wollen, daß ich ihr Vorgesetzter sei, oder ob sie mich achten und ehren; denn beides dient in gleicher Weise ihrem Nutzen und ihrem Heil; denn wenn ich mich freue, daß sie mich ihres eigenen Fortschrittes und ihrer eigenen Frömmigkeit wegen erhöhen und ehren, so liegt darin doch zugleich eine Gefahr für meine Seele; um so mehr also muß ich mich freuen und frohlocken über den Fortschritt und über das Heil meiner Seele, wenn sie mich schmähen, denn das ist ein sicherer Gewinn für meine Seele.«

Wie er demütig in fremde Länder gehen wollte, wohin er auch seine Brüder geschickt hatte; und wie er seine Brüder lehrte, in Demut und Frömmigkeit durch die Welt zu ziehn

NACH JENEM GENERALKAPITEL, AUF DEM VIELE Brüder in die Länder jenseits des Meeres gesandt wurden, blieb der selige Franziskus mit einigen Brüdern zurück und sprach zu ihnen: »Liebste Brüder, ich muß für alle Brüder Vorbild und Beispiel sein: wenn ich also die Brüder in fremde Länder sende, damit sie dort Mühsal und Schmach ertragen, Hunger, Durst und andere Not aushalten, dann ist es gerecht und von der heiligen Demut gefordert, daß auch ich in ein fremdes Land gehe, damit die Brüder geduldiger alles Unglück aushalten, wenn sie hören, daß ich das gleiche ertrage. Gehet also hin und betet zum Herrn, daß er mich das Land erwählen lasse, in dem ich am besten seiner Ehre, dem Heile der Seelen und dem guten Beispiel für unsern Orden diene.«

Denn es war eine Sitte des heiligsten Vaters, wenn er sich in irgendeine Provinz begeben wollte, daß er zuerst zum Herrn betete und auch seine Brüder beauftragte zu beten, damit der Herr sein Herz lenke, dahin zu gehen, wo es ihm am wohlgefälligsten sei.

Die Brüder gingen also ans Gebet, und nach dem Gebete kehrten sie zu ihm zurück. Und er sprach zu ihnen mit großer Freude: »Im Namen unsers Herrn Jesus Christus und der glorreichen Jungfrau, seiner

Mutter, und im Namen aller Heiligen erwähle ich das Land Frankreich, in dem ein katholisches Volk lebt; denn unter allen Katholiken haben sie die größte Verehrung für den Leib Christi; dies ist mir sehr wohlgefällig, und daher werde ich sehr gerne bei ihnen leben.« Und er erwählte unter andern als seinen Begleiter den Bruder Silvester, einen Priester und Gottesmann von großer Treue, tiefer Einfalt und Reinheit, den der heilige Vater wie einen Heiligen verehrte.

Weil der selige Franziskus eine so große Verehrung und Ehrfurcht für den Leib Christi hatte, wollte er in seiner Regel aufschreiben, daß die Brüder sich in den Provinzen, in denen sie weilten, sehr für ihn sorgen und mühen sollten. Und sie sollten die Kleriker und Priester ermahnen, den Leib Christi an einem ehrbaren und würdigen Platze zu bewahren; und falls die Priester es vernachlässigten, sollten die Brüder dafür sorgen. Er wollte auch in seiner Regel aufschreiben, daß die Brüder überall da, wo sie die Tafeln mit den Namen des Herrn und den Worten der Wandlung in einer unwürdigen und unziemlichen Weise aufbewahrt fänden, diese Tafeln in geziemender Weise aufbewahren und so den Herrn in seinen Worten ehren sollten. Und wenn er es am Ende doch nicht in seiner Regel aufschrieb, weil es den Provinzialministern nicht gut schien, den Brüdern einen solchen Auftrag zu geben, so wollte er es wenigstens den Brüdern in seinem Testament und in seinen andern Schriften als seinen Willen in diesen Dingen hinterlassen.

Und einmal wollte er einige Brüder durch sämtliche Provinzen senden, versehen mit schönen und reinen Gefäßen, und wo sie den Leib des Herrn in unziemlicher Weise aufbewahrt fänden, sollten sie ihn in würdiger Weise in den Gefäßen verschließen. Auch wollte er einige andere Brüder mit guten und schönen Geräten durch die Provinzen senden, um schöne und saubere Hostien damit zu bereiten.

Als der selige Franziskus jene Brüder, die er mit sich nehmen wollte, ausgewählt hatte, sprach er zu ihnen: »Im Namen des Herrn, gehet je zu zweien in Demut und Ehrbarkeit eures Weges, vor allem aber in strengem Stillschweigen vom Morgen bis zur dritten Stunde, und betet zu Gott in euerm Herzen, und müßige und unnütze Worte sollen von euch nicht genannt werden. Denn euer Leben soll auf euern Wanderungen so demütig und ehrbar sein, als wäret ihr in einer Einsiedelei oder in euerer Zelle. Denn wo wir auch weilen und gehn, immer haben wir eine Zelle bei uns; denn unser Bruder Leib ist unsere Zelle, und unsere Seele ist die Einsiedlerin, die in der Zelle wohnt, um zu Gott zu beten und über ihn nachzudenken. Wenn also die Seele in ihrer Zelle nicht in Ruhe gelassen wird, dann ist dem Mönche die mit der Hand errichtete Zelle von geringem Nutzen.«

Als er nach Florenz kam, fand er dort Herrn Hugo, den Bischof von Ostia, der später Papst Gregor wurde. Als dieser vom seligen Franziskus gehört hatte, daß er nach Frankreich gehen wolle, untersagte er ihm, dorthin zu gehen, und sprach: »Bruder, ich will nicht, daß du die Berge überschreitest, denn es gibt in der römischen Kurie viel Kirchenfürsten, die dem Heil des Ordens im Wege sind. Aber ich und die andern Kardinäle, die deinen Orden lieben, wir werden ihn gerne schützen und ihm helfen, wenn du hier bleibst.«

Und es sprach zu ihm der selige Franziskus: »Herr, es beschämt mich sehr, daß ich meine Brüder in entlegene Länder gesandt habe und selber hier zurückbleibe und an den Leiden, die sie um des Herrn willen erdulden werden, keinen Anteil habe!« Der Bischof aber tadelte ihn und sagte: »Warum hast du deine Brüder so weit weggeschickt, daß sie vor Hunger sterben und andere Heimsuchungen erleiden?« Und es erwiderte ihm der selige Franziskus mit großer Glut und im Geiste der Weissagung und sprach: »Herr, glaubt Ihr, daß der Herr die Brüder nur wegen dieser Provinzen hier berufen hat? Wahrlich, ich sage Euch, daß der Herr die Brüder zum Fortschritt und zum Heile der Seelen aller Menschen dieser Welt erwählt und ausgesandt hat; und sie werden nicht nur in den Ländern der Gläubigen, sondern auch in den Ländern der Ungläubigen aufgenommen werden und viele Seelen gewinnen!«

Und der Bischof von Ostia wunderte sich sehr und bestätigte ihm, daß er die Wahrheit sage. Aber er ließ ihn doch nicht nach Frankreich gehn, und der selige Franziskus sandte den Bruder Pacificus mit vielen andern Brüdern dorthin. Er selbst aber kehrte in das Tal von Spoleto zurück.

Wie er einige Brüder lehrte, durch Demut und Liebe die Seelen der Räuber zu bekehren

ES KAMEN EINMAL RÄUBER, DIE SICH IN DEN WÄLdern verborgen hielten und die durchziehenden Reisenden ausplünderten, in die Einsiedelei Borgo San Sepolcro und baten um Brot. Einige Brüder meinten, es sei nicht gut, ihnen ein Almosen zu geben, andere aber gaben es ihnen aus Mitleid und ermahnten sie zur Buße.

Unterdessen kam der selige Franziskus an jenen Ort, und die Brüder fragten ihn, ob es angebracht sei, den Räubern ein Almosen zu geben. Und es sprach zu ihnen der selige Franziskus: »Wenn ihr tut, was ich euch sage, so habe ich das Vertrauen zum Herrn, daß ihr die Seelen dieser Menschen gewinnen werdet. Gehet also hin, verschafft euch gutes Brot und guten Wein, bringt es ihnen in den Wald, wo sie sich aufhalten, und sprecht zu ihnen: ‚Ihr Brüder Räuber, kommet zu uns, denn wir sind Mönche und bringen euch gutes Brot und guten Wein!‘ Und jene werden sogleich kommen. Dann breitet eine Decke auf die Erde, legt das Brot und den Wein darauf und dienet ihnen demütig und freudig, bis sie gegessen haben. Nach dem Mahle aber sollt ihr zu ihnen vom Worte des Herrn sprechen, und dann sollt ihr sie aus Liebe zu Gott um das Versprechen bitten, niemand zu töten, noch irgend jemand an seinem Leibe zu schaden. Denn wenn ihr alles zugleich von ihnen verlangt, werden sie nicht auf euch hören. Wegen euerer Demut und Liebe aber werden sie euch sogleich das Versprechen geben. Am folgenden Tage sollt ihr ihnen dann wegen ihres guten Versprechens Brot und Wein, Eier und Käse bringen und sie bedienen, bis sie gegessen haben. Und nach dem Mahle sollt ihr ihnen sagen: ‚Warum haltet ihr euch den ganzen Tag hier auf, um doch nur vor Hunger zu sterben und soviel Unglück zu ertragen? Und dabei begeht ihr durch euer Wollen und durch euer Tun so viele Untaten, daß ihr eure Seelen verliert, wenn ihr nicht zum Herrn zurückkehrt. Es wäre besser, ihr dientet dem Herrn, denn er wird schon in dieser Welt euerm Leibe geben, was er braucht, und am Ende wird er euere Seelen retten.' Dann wird Gott sie rufen, so daß sie um euerer Demut und Liebe willen sich bekehren.«

Die Brüder taten alles, wie der selige Franziskus es ihnen gesagt hatte, und durch die Gnade und Barmherzigkeit Gottes erhörten die Räuber sie, und befolgten auf den Buchstaben von Punkt zu Punkt alles, was die Brüder in Demut von ihnen forderten. Ja, wegen der Demut und Zutraulichkeit der Brüder dienten auch sie ihnen demütig und schleppten auf ihren Schultern Holz in die Einsiedelei. Und endlich traten einige von ihnen in den Orden ein. Andere aber bekannten ihre Sünden, taten Buße für das, was sie begangen hatten, und versprachen den Brüdern in die Hand, künftig von der Arbeit ihrer Hände zu leben und nie mehr zu ihrem früheren Leben zurückzukehren.

Darüber wunderten sich die Brüder und die andern,

die das hörten, gar sehr, wenn sie daran dachten, wie der selige Franziskus in seiner Heiligkeit die Bekehrung jener Räuber vorausgesagt hatte, die treulose und bösartige Menschen waren, und wie schnell sie zum Herrn bekehrt wurden.

Wie die Dämonen ihn peinigten und er dadurch erkannte, daß es Gott wohlgefälliger sei, wenn er in ärmlichen und schlichten Häusern verweilte, anstatt sich bei den Kardinälen aufzuhalten

DER SELIGE FRANZISKUS BEGAB SICH EINMAL NACH Rom, um den Herrn von Ostia zu besuchen. Und als er einige Tage bei ihm geblieben war, besuchte er auch den Kardinal Leo, der dem seligen Franziskus sehr ergeben war. Und weil es damals Winter war und wegen der Kälte, des Windes und des Regens völlig unmöglich, weiterzureisen, bat er ihn, noch einige Tage bei ihm zu bleiben und sein Essen wie irgendein Armer zusammen mit den Armen zu empfangen, die täglich in seinem Hause aßen. Das sagte er aber, weil er wußte, daß der selige Franziskus überall, wo er zu Gast war, wie ein Armer aufgenommen werden wollte, obgleich der Papst und die Kardinäle ihn mit höchster Ehrfurcht und Ehrerbietung aufnahmen und wie einen Heiligen verehrten. Und er fügte hinzu: »Ich will dir ein gutes und einsam gelegenes Haus geben, wo du beten und essen kannst, wann du willst.«

Da sprach Bruder Angelus von Tankred, der zu den ersten zwölf Brüdern gehörte und gleichfalls bei dem erwähnten Kardinal wohnte, zum seligen Franziskus: »Bruder, nicht weit von hier ist ein geräumiger und sehr einsamer Turm, in dem du dich aufhalten kannst wie in einer Einsiedelei.« Als der selige Franziskus diesen Turm sah, gefiel er ihm, und er kehrte zum Kardinal zurück und sprach zu ihm: »Herr, vielleicht werde ich noch einige Tage bei Euch bleiben.« Und der Kardinal freute sich sehr.

Bruder Angelus ging also hin und bereitete den Turm für den seligen Franziskus und seinen Begleiter. Und weil der selige Franziskus den Turm nicht verlassen wollte, solange er der Gast des Kardinals war, und auch nicht wollte, daß jemand zu ihm käme, versprach ihm Bruder Angelus, ihn und seinen Begleiter täglich mit Nahrung zu versorgen.

Und als sich der selige Franziskus mit seinem Begleiter dorthin begeben hatte, kamen in der ersten Nacht, als er schlafen wollte, Dämonen und schlugen ihn heftig. Und er rief seinen Begleiter und sprach zu ihm: »Bruder, die Dämonen haben mich sehr heftig geschlagen; daher will ich, daß du neben mir bleibst, denn ich fürchte mich, allein zu sein.« Und in dieser Nacht blieb sein Begleiter neben ihm, denn der selige Franziskus zitterte wie ein Mensch, den das Fieber schüttelt. Und sie wachten beide die ganze Nacht.

Dann sprach der selige Franziskus zu seinem Begleiter: »Warum haben die Dämonen mich geschlagen, und warum ist ihnen vom Herrn die Macht gegeben, mir zu schaden?« Und er sprach: »Die Dämonen sind die Beauftragten unsers Herrn. Denn wie eine Obrigkeit ihre Beamten aussendet, um den zu bestrafen, der sich vergangen hat, so tadelt und züchtigt der Herr den, den er liebt, durch seine Beauftragten, das heißt durch die Dämonen, die in dieser Welt seine Diener sind. Denn häufig sündigt auch der vollkommene Mönch, ohne es zu wissen; und so wird er, wenn er seine Sünde nicht kennt, vom Teufel gepeinigt, damit er seine Sünden genau sehe und über das nachdenke, worin er in Gedanken und Werken gefehlt hat. Denn die der Herr mit seiner zarten Liebe umfängt, denen läßt er in diesem Leben nichts ungerächt hingehen. Ich kann aber durch die Barmherzigkeit und Gnade nichts erkennen, worin ich gesündigt, und was ich nicht durch Bekenntnis und Buße gesühnt hätte; ja, Gott hat mir durch seine Barmherzigkeit die Gnade gewährt, daß ich im Gebet über alles, worin ich ihm gefallen oder mißfallen habe, eine klare Einsicht erlange. Es kann aber sein, daß er mich jetzt durch seine Beauftragten gezüchtigt hat, weil mir der Kardinal in Freude seine Barmherzigkeit erwies; denn obgleich mein Leib dieser Erholung dringend bedarf, haben meine Brüder, welche durch die Welt gehn und Hunger und andere Mühsal erdulden, und jene, die in Einsiedeleien und ärmlichen Häusern wohnen, einen Grund, gegen mich zu murren, wenn sie hören, daß ich bei einem Kardinal zu Gast bin. Denn sie werden sagen: ‚Wir ertragen so viele Leiden, und er hat seinen Trost.' Ich bin aber gehalten, ihnen stets ein gutes Beispiel zu geben, denn dazu bin ich ihnen gegeben; und meine Brüder werden mehr erbaut, wenn ich mit ihnen in ärmlichen Häusern wohne, und sie ertragen ihre Leiden geduldiger, wenn sie hören, daß ich das gleiche ertrage.«

Denn dahin ging der höchste und ausdauernde Eifer unsers Vaters, stets allen ein gutes Beispiel zu geben und den andern Brüdern jeden Anlaß zu nehmen, gegen ihn zu murren. Und daher hat er in seinen gesunden und kranken Tagen so viele und bittere Leiden ertragen, daß alle Brüder, die davon wissen wie wir, die wir mit ihm bis zum Tage seines Todes gelebt haben, sich der Tränen nicht enthalten können, sooft sie davon lesen oder sich daran erinnern, und alle Trübsal und alle Not mit größerer Geduld und Freude ertragen.

Und der selige Franziskus verließ am frühen Morgen den Turm und ging zum Kardinal und erzählte ihm alles, was ihm widerfahren war und was er mit seinem Begleiter gesprochen hatte. Und er sprach zu ihm: »Die Menschen halten mich für einen Heiligen, und siehe, die Dämonen haben mich aus meinem Kerker vertrieben!« Und der Kardinal freute sich sehr mit ihm, denn da er ihn kannte und als einen Heiligen verehrte, wollte er ihm nicht widersprechen, als er nicht länger bleiben wollte. Und so verabschiedete sich der selige Franziskus von ihm und kehrte in die Einsiedelei von Fonte Colombo bei Rieti zurück.

Wie er die Brüder tadelte, welche den Weg der Weisheit und Gelehrsamkeit und nicht den Weg der Demut gehen wollten, und wie er ihnen die Reform des Ordens und seine Rückkehr zum ersten Zustand voraussagte

ALS DER SELIGE FRANZISKUS AUF DEM GENERALkapitel von S. Maria von Portiuncula weilte, welches »das Kapitel der Matten« genannt wurde, weil alle Hütten aus Matten errichtet waren, befanden sich dort fünftausend Brüder. Und einige weise und gelehrte Brüder gingen zum Herrn von Ostia, der sich dort befand, und sprachen zu ihm: »Herr, wir wünschen, daß Ihr den Bruder Franziskus überredet, die Ratschläge der gelehrten Brüder zu befolgen und sich ihrer Leitung zu unterwerfen.« Sie fügten noch hinzu, auf welche Weise man nach der Lehre und Regel des heiligen Benedikt, Augustinus und Bernhard ein geordnetes Leben führen könne. Als der Kardinal dieses alles dem seligen Franziskus in einer Ermahnung mitteilte, erwiderte der selige Franziskus ihm nichts, sondern nahm ihn an der Hand und führte ihn zu den im Generalkapitel versammelten Brüdern. Und er sprach zu den Brüdern in der Glut und Gewalt des Heiligen Geistes: »Meine Brüder, Gott hat mich auf den Weg der heiligen Einfalt und Demut gerufen, und diesen Weg hat er in Wahrheit mir und all denen geoffenbart, die mir glauben und nachfolgen wollen. Und daher will ich nicht, daß ihr mir irgendeine Regel nennt, weder die des heiligen Benedikt, noch die des heiligen Augustinus, noch die des heiligen Bernhard, noch irgendeine andere Weise und Form zu leben, außer der, welche der Herr mir in seiner Barmherzigkeit gezeigt und übergeben hat. Und der Herr sagte mir, daß ich ein Tor sein solle in dieser Welt; er wollte uns keinen andern Weg, als den Weg dieser Weisheit führen; aber Gott wird euch durch euere eigene Weisheit und Gelehrsamkeit verwirren. Doch ich vertraue auf die Beauftragten des Herrn, durch die der Herr euch strafen wird; und ihr werdet noch zu euerer Schande zu euch selbst zurückfinden, ob ihr wollt oder nicht.« Da wunderte der Kardinal sich sehr und erwiderte nichts; aber viele Brüder fürchteten sich sehr.

Wie er es vorauswußte und vorhersagte, daß die Gelehrsamkeit zum Verfall des Ordens führen müsse, und wie er es einem seiner Gefährten verbot, dem Studium des Predigens zu obliegen

ES SCHMERZTE DEN SELIGEN FRANZISKUS SEHR, wenn die Tugend vernachlässigt und die Gelehrsamkeit gesucht wurde, die uns aufbläht, und vor allem, wenn einer dem Rufe nicht treu blieb, in welchem er zu Anbeginn berufen ward. Denn er sprach: »Meine Brüder, die von der Neugier nach der Gelehrsamkeit verführt wurden, werden am Tage der Heimsuchung ihre Hände leer finden. Und so will ich lieber, daß sie in den Tugenden stark werden, damit sie in der

Zeit der Heimsuchung in ihrer Not den Herrn bei sich haben. Denn es wird eine Bedrängnis kommen, da die Bücher zu nichts mehr nütze sind und ins Verborgene geworfen werden.«
Er sagte das nicht, weil ihm das Lesen der Heiligen Schrift mißfiel, sondern um alle Menschen von ihrer Sorge, das Überflüssige zu lernen, abzuwenden. Denn er wollte lieber, daß sie durch die Liebe gut, als daß sie durch die Neugier nach Wissenschaft gelehrt würden.
Denn er wußte schon im voraus, daß in Bälde eine Zeit kommen werde, in der eine aufgeblasene Gelehrsamkeit der Anlaß zum Verfall des Ordens sein werde. Als sich daher einer seiner Gefährten allzusehr dem Studium des Predigens ergab, erschien er ihm nach seinem Tode, tadelte ihn und verbot es ihm; und er befahl ihm, sich nur um den Weg der Demut und Einfalt zu bemühen.

Wie in der Zeit der Heimsuchung die, welche in den Orden eintreten, gesegnet sein werden und die, welche sich bewähren, besser sein werden als ihre Vorgänger

DER SELIGE FRANZISKUS SPRACH EINMAL: »ES wird eine Zeit kommen, da dieser geliebte Orden Gottes durch die bösen Beispiele der Brüder so sehr in Verruf geraten wird, daß er sich schämen wird, in die Öffentlichkeit zu gehen. Wer aber in dieser Zeit kommen wird, um das Kleid des Ordens anzulegen, der wird allein durch das Wirken des Heiligen Geistes geführt werden, und Fleisch und Blut werden ihm keinen Makel anheften, und er wird in Wahrheit vom Herrn gesegnet sein. Und wenn sie dennoch keine verdienstlichen Werke tun und die Liebe, welche die Heiligen zu ihrem Werke begeistert, in ihnen kalt wird, so werden unermeßliche Versuchungen über sie kommen. Die aber in jener Zeit sich bewähren, die werden besser sein als ihre Vorgänger. Wehe aber denen, die sich nur im äußeren Schein und im Trugbild eines mönchischen Lebens gefallen und müßig erfunden werden, weil sie auf ihre Weisheit und Gelehrsamkeit vertrauten und sich nicht in den Werken der Tugend übten und nicht auf dem Wege des Kreuzes, der Buße und der reinen Befolgung des Evangeliums ausharrten, denn sie sind durch ihr Gelübde verpflichtet, das Evangelium in Reinheit und Einfalt zu befolgen! Sie werden den Versuchungen, welche der Herr zur Prüfung der Auserwählten zuläßt, nicht in Standhaftigkeit widerstehen. Die sich aber bewähren, die werden angenommen werden und die Krone des Lebens empfangen, zu der sie in der Welt durch die Bosheit der schlechten Brüder geschult werden.«

Wie er seinem Begleiter antwortete, der ihn fragte, warum er gegen die Ausschreitungen, die zu seiner Zeit im Orden geschahen, nichts unternehme

EINER DER BEGLEITER DES SELIGEN FRANZISKUS sprach einmal zu ihm: »Vater, verzeihe mir, wenn ich dir etwas sage, worüber schon viele nachgedacht haben.« Und er sprach: »Du weißt, wie einst der ganze Orden durch die Gnade Gottes stark war in der Reinheit seiner Vollendung, und wie alle Brüder in großer Begeisterung und Sorge die heilige Armut in allem bewahrten. Wie sie mit kleinen und ärmlichen Häusern und Geräten zufrieden waren und mit wenigen und ärmlichen Büchern und Kleidern; und wie sie in diesen und allen andern äußeren Dingen ein Wille und eine Begeisterung in der Sorge vereinte, alles zu befolgen, was unser Gelübde und unsere Berufung fordert, und allen ein gutes Beispiel zu sein. Und so waren ihre Seelen einig in der Liebe zu Gott und den Nächsten, und sie lebten aus dem Geiste der Apostel und des Evangeliums.

Seit einiger Zeit aber hat diese Reinheit und Vollkommenheit sich sehr gewandelt, wenn auch einige die Brüder wegen ihrer Menge entschuldigen, indem sie sagen, daß die Brüder deswegen nicht alles befolgen können. Aber viele Brüder sind so verblendet, daß sie das Volk durch ihre neuen Sitten besser erbauen und zur Frömmigkeit bekehren zu können glauben, als durch die alte Zucht. Und es scheint ihnen, daß sie würdiger leben, wenn sie den Weg der heiligen Einfalt und Armut verschmähen und für nichts achten, der doch der Anfang und der Grund unseres Ordens war; und wenn wir das alles betrachten, glauben wir fest, daß es dir mißfällt, aber wir wundern uns sehr, daß du es erträgst und nicht änderst, wenn es dir mißfällt.«

Und der selige Franziskus erwiderte ihm und sprach: »Der Herr möge dir verzeihen, daß du dich mir widersetzest und mich in Dinge verwickelst, die nicht meines Amtes sind. Denn solange ich das Amt der Vormundschaft über die Brüder hatte, blieben sie ihrer Berufung und ihrem Gelübde treu; und wenn ich auch vom Anbeginn meiner Bekehrung an immer krank war, so habe ich doch durch das wenige, das ich tun konnte, durch mein Beispiel und meine Predigt, für sie gesorgt. Aber als ich sah, daß der Herr die Zahl der Brüder vermehrte, und als die Brüder wegen ihrer Lauheit und aus Unvermögen des Geistes vom rechten und sicheren Wege, auf dem sie bis dahin gegangen waren, abzuirren begannen und auf den breiten Weg, der in den Tod führt, gerieten; als sie ihre Berufung, ihr Gelübde und das gute Beispiel aufgaben und den Weg der Gefährdung und des Todes nicht mehr verlassen wollten, wozu ich sie durch meine Predigt, meine Ermahnung und durch mein Beispiel, das ich ihnen beharrlich vorhielt, aufforderte - da übergab ich die Leitung und Lenkung des Ordens dem Herrn und den Provinzialministern. Und obgleich ich in der Zeit, da ich auf die Vormundschaft über die Brüder verzichtete, mich auf meinem Generalkapitel vor den Brüdern entschuldigte, daß ich wegen meiner Krankheiten nicht mehr für die Brüder sorgen könne, so wollte ich dennoch jetzt zum Troste und Heile der Brüder, daß sie bis zum Tage meines Todes nur mich als ihren Vorgesetzten hätten, wenn sie nur nach meinem Willen leben wollten. Denn wenn ein treuer und guter Untergebener den Willen des Vorgesetzten erkennt und befolgt, dann braucht der Vorgesetzte um ihn nicht sehr besorgt zu sein; und ich würde mich so sehr über die Rechtschaffenheit der Brüder freuen - wegen ihres und meines Heiles -, daß es mich, wenn ich krank in meinem Bette läge, wenig bekümmerte, daß ich nicht viel für sie sorgen könnte. Denn mein Amt der Vormundschaft über sie ist ein geistliches Amt und besteht nur darin, über die Laster zu herrschen und sie geistlich zu bekämpfen und auszutilgen. Und wenn ich die Sünden nicht mehr durch Predigt und Ermahnung bekämpfen und ausrotten kann, verzichte ich darauf, wie ein Henker die Brüder zu strafen und zu züchtigen, wie die Obrigkeiten dieser Welt es tun.

Denn ich vertraue auf den Herrn, daß die unsichtbaren Feinde, welche vom Herrn beauftragt sind, in dieser und in der künftigen Welt die Sünden zu bestrafen, die Rache an denen übernehmen, welche die Gebote des Herrn und ihr Gelübde übertreten, und dafür sorgen, daß sie zu ihrer Schmach und Schande von den Menschen dieser Welt bekämpft werden und dadurch zu ihrer Berufung und zu ihrem Gelübde zurückkehren.

Aber wahrlich, ich werde bis zum Tage meines Todes nicht aufhören, durch mein Beispiel und meine guten Werke die Brüder zu belehren, auf dem Wege zu wandeln, den der Herr mir gezeigt hat; diesen Weg habe ich sie gelehrt und habe durch mein Wort und durch mein Beispiel geoffenbart, daß die Brüder vor Gott unentschuldbar sind; aber ich bin nicht gehalten, darüber hinaus vor Gott Rechenschaft über sie abzulegen.«

Wie in Wahrheit die Gebete und Tränen der einfältigen Brüder die Seelen derer bekehren, die scheinbar durch die Predigt der gelehrten Brüder bekehrt werden

DER HEILIGSTE VATER WOLLTE NICHT, DASS SEINE Brüder begierig seien nach Gelehrsamkeit und Büchern, und er predigte ihnen, nur darum bemüht zu sein, sich auf die heilige Demut zu gründen und der reinen Einfalt, dem heiligen Gebete und unserer Herrin, der Armut, nachzufolgen; denn dadurch hätten sich die ersten heiligen Brüder erbaut. Und er meinte, das sei der einzige sichere Weg zum eigenen Heile und zur Erbauung der andern, denn Christus, zu dessen Nachfolge wir berufen seien, habe uns nur diesen Weg gezeigt und in gleicher Weise durch sein Wort und sein Beispiel gelehrt.

Denn der selige Vater sah die Zukunft voraus und erkannte sie durch den Heiligen Geist; und so sprach er häufig zu den Brüdern: »Viele Brüder vernachlässigen, um andere zu erbauen, ihre eigene Berufung, nämlich die heilige Demut, das reine, einfältige und fromme Gebet und unsere Herrin, die Armut; und sie glauben, ihre Frömmigkeit werde größer, ihre Liebe glühender und ihre Gotteserkenntnis leuchtender, wenn sie die Schrift verstehen. Aber innerlich bleiben sie kalt und leer, und sie können zu ihrer früheren Berufung nicht zurückkehren, weil sie die Möglichkeit, nach ihrer Berufung zu leben, durch ihr eitles und verkehrtes Streben verloren haben; und ich fürchte, daß ihnen das, was sie zu besitzen scheinen, genommen werden wird, weil sie das, was ihnen gegeben wurde - ihre Berufung einzuhalten und ihr nachzufolgen -, so gründlich vernachlässigt haben.«

Und er sprach: »Es gibt viele Brüder, deren ganzes Streben und deren ganze Sorge darauf ausgeht, Gelehrsamkeit zu erwerben, und sie so ihre heilige Berufung verlieren und mit ihrem Geist und ihrem Herzen vom Wege der Demut und des heiligen Gebetes abirren. Sie predigen dem Volke, und wenn sie merken, daß andere dadurch erbaut werden und sich zur Buße bekehren, werden sie aufgeblasen und rühmen sich ihres Werkes und ihres Gewinnes fremder Seelen, als hätten sie sich selbst gewonnen, während sie in Wahrheit zu ihrer Verdammung und zu ihrem Gerichte gepredigt haben und für sich selber nichts gewirkt haben. Denn sie waren nur das Werkzeug derer, durch welche sich der Herr in Wahrheit solche Frucht gewinnt; die, welche sie durch ihre Gelehrsamkeit und ihre Predigt zu erbauen und zur Buße zu bekehren glauben, hat der Herr durch die Gebete und Tränen der heiligen, armen, demütigen und einfältigen Brüder erbaut und bekehrt, wenn auch die heiligen Brüder selbst davon nichts wissen; denn es ist der Wille Gottes, daß sie nichts davon wissen, damit sie dadurch nicht hochmütig werden.

Das sind meine Brüder und Soldaten vom runden Tisch, die sich in Einöden und an entlegenen Orten verbergen, damit sie desto eifriger dem Gebete und der Betrachtung nachgehen können; die über ihre eigenen und die Sünden der andern Menschen weinen und in Einfalt und Demut leben, deren Heiligkeit von Gott gekannt und den Brüdern und den andern Menschen verborgen ist. Und wenn einst ihre Seelen dem Herrn von seinen Engeln dargebracht werden, wird der Herr ihnen die Frucht und den Preis ihrer Mühen offenbaren: die vielen Seelen, die durch ihr Beispiel, ihre Gebete und Tränen gerettet wurden; und er wird zu ihnen sprechen: ‚Meine geliebten Söhne, so viele Seelen sind durch euere Gebete, euere Tränen und euere Beispiele gerettet worden, und weil ihr über weniges treu gewesen seid, will ich euch über vieles setzen [cf. Mt. 25, 21.]. Andere haben gepredigt und haben sich gemüht mit den Reden ihrer Weisheit, aber ich habe durch euere Verdienste die Frucht des Heiles gewirkt, und so sollt ihr als Lohn für ihre Mühe und als Frucht für euere Verdienste das ewige Reich empfangen, das ihr durch die Gewalt euerer Demut und Einfalt, euerer Gebete und Tränen an euch gerissen habt.‘

Und so werden die, welche ihr Bündel mit sich tragen [cf. Ps. 126, 6], das heißt die Frucht und den Lohn ihrer heiligen Demut und Einfalt, in Freude und Jubel in die Seligkeit des Herrn eingehen. Aber jene, die sich nur darum gekümmert haben, Gelehrsamkeit zu erwerben und andern den Weg des Heils zu zeigen, für sich aber nichts getan haben, werden nackt und leer vor dem Richterstuhle Christi stehen und nichts mitbringen als das Bündel ihrer Verwirrung, ihrer Schmach und ihres Schmerzes.

Dann wird die Wahrheit der heiligen Demut und Einfalt, des heiligen Gebetes und der Armut, die unsere Berufung ist, erhöht, verherrlicht und gepriesen werden; aber die, welche vom Winde der Gelehrsamkeit aufgeblasen waren, haben dieser Wahrheit das Leben genommen, und in den eiteln Reden ihrer Weisheit haben sie die Wahrheit selber zur Falschheit gemacht und haben in ihrer Verblendung die, welche in der Wahrheit wandelten, grausam verfolgt.

Dann wird in Trauer und Schmach und Schande der Irrtum und die Falschheit ihrer Meinungen ein Ende haben; in diesen Irrtümern wandelten sie und behaupteten, sie seien die Wahrheit, und durch sie haben sie so viele in den Abgrund der Blindheit gestürzt. Aber sie werden mit ihren finsteren Meinungen zu den Geistern der Finsternis in die äußerste Finsternis versenkt werden.«

Und der selige Franziskus sprach häufig über das Wort der Schrift: »Dann wird die Unfruchtbare viele Kinder gebären, und die viele Söhne hatte, wird schwach sein.« [1. Sam. (Reg.) 2, 5]: »Die Unfruchtbare ist der gute und einfältige, demütige und arme, verachtete, verworfene und verstoßene Mönch, der

durch die Ausdauer seiner heiligen Gebete und Tugenden die andern erbaut und mit Seufzern des Herzens gebiert.«
Diese Worte sagte er sehr oft vor den Provinzialministern und den andern Brüdern, besonders auf dem Generalkapitel.

Wie er die Oberen und Prediger lehrte, sich im Gebet und in den Werken der Demut zu üben

ALS FRANZISKUS, DER TREUE KNECHT UND VOLLendete Nachfolger Christi, fühlte, daß er durch die Tugend der heiligen Demut in Christus verwandelt worden sei, wünschte er für seine Brüder vor allen andern Tugenden die Demut, und er begeisterte sie unablässig in liebevoller Weise durch sein Wort und sein Beispiel, die Gnade zu lieben, zu ersehnen, zu erstreben und ihr zu dienen; und vor allem ermahnte er die Prediger und Oberen und leitete sie an, sich in den Werken der Demut zu üben.
Denn er sagte, sie sollten wegen des Amtes der Vormundschaft über den Orden und wegen ihrer Sorge für das Predigen das heilige und fromme Gebet nicht vernachlässigen und nicht aufhören, um Almosen zu gehen und zuweilen wie die Brüder mit ihren Händen zu arbeiten und andere Werke zu verrichten zum guten Beispiel und zum Gewinn der eigenen und der fremden Seelen. Und er sprach: »Die untergebenen Brüder werden sehr erbaut, wenn ihre

Oberen und Prediger dem Gebete obliegen und sich in Freude zu den Werken der Demut und des niedrigen Gehorsams herablassen. Denn anders können sie ihre Brüder nicht dazu ermahnen, ohne verworfen, verurteilt und verdammt zu werden, und nach dem Beispiele Christi müssen wir zuerst handeln und dann lehren oder zugleich handeln und lehren.«

Wie er zu seiner Beschämung die Brüder darüber belehrte, wann er ein Knecht Gottes sei und wann nicht

DER SELIGE FRANZISKUS RIEF EINMAL VIELE BRÜder zu sich und sprach zu ihnen: »Ich habe den Herrn gebeten, mir zu zeigen, wann ich sein Knecht bin und wann nicht. Denn ich will nichts anderes sein als sein Knecht. Der allergütigste Herr aber hat mir in seiner Gnade geantwortet: ‚Wisse, daß du dann in Wahrheit mein Knecht bist, wenn du Heiliges denkst, sprichst und tust.'

Und ich habe euch Brüder zusammengerufen und euch das mitgeteilt, damit ich vor euch beschämt werde, wenn ihr seht, wie sehr ich in diesen und in andern Geboten versage.«

Wie er ausdrücklich wollte, daß alle Brüder von Zeit zu Zeit mit ihren Händen arbeiteten

ER SAGTE, DASS DIE LAUEN, DIE SICH MIT KEINER Arbeit vertraut machen und in Demut befassen, aus dem Munde Gottes ausgespien würden. Und niemand konnte vor seinen Augen müßig sein, ohne daß er ihn sogleich sehr heftig tadelte. Und als Vorbild aller Vollkommenheit arbeitete er selber demütig mit seinen Händen und erlaubte nicht, daß auch nur das Geringste von dem kostbaren Geschenk der Zeit vertan werde.

Denn er sagte: »Ich will, daß alle meine Brüder arbeiten und sich demütig in guten Werken üben, damit wir den Menschen weniger lästig sind und Herz und Zunge nicht in Müßigkeit ausschweifen. Und die, welche kein Handwerk verstehen, sollen eins lernen.«

Der Lohn aber und der Gewinn der Arbeit sollte nicht dem Arbeitenden gehören, sondern nach dem Willen des Guardian zum Nutzen des Ordens verwendet werden.

VIERTES BUCH

VON SEINEM EIFER FÜR DIE REGEL UND FÜR DIE VOLLENDUNG DES GANZEN ORDENS

Wie er das Bekenntnis der Regel lobte und wollte, daß die Brüder sie kennten, über sie sprächen und mit ihr stürben

DER SELIGE FRANZISKUS WAR MIT VOLLENDETEM und glühendem Eifer bemüht, das heilige Evangelium zu befolgen und sich zu unserer Regel zu bekennen, welche nichts anderes will, als die vollkommene Nachfolge des Evangeliums; und er schenkte denen, die jetzt und künftig diese Nachfolge erstreben, seinen besonderen Segen.

Denn er sagte, unsere Regel sei für die, welche ihr nachfolgten, das Buch des Lebens, die Hoffnung auf das Heil, das Unterpfand der Seligkeit, das Mark des Evangeliums, der Weg des Kreuzes, der Aufstieg zur Heiligkeit, der Schlüssel zum Paradiese und das Siegel des ewigen Bundes. Er wollte, daß sie von allen eingehalten werde, daß alle sie genau kennten, und daß die Brüder in ihren Gesprächen, die sie miteinander führten, um ihre Schwermut zu beheben, oft von ihrem Gelübde sprächen; und zum Angedenken an den geleisteten Schwur sollten sie recht oft mit ihrem Geiste über diesen Schwur Zwiesprache halten.

Er lehrte sie auch, stets an ihr Gelübde zu denken, zur Ermahnung und Erinnerung an ihre Lebensführung und an die pflichtgemäße Einhaltung der Regel; und was mehr ist, er belehrte die Brüder, daß sie mit ihrem Gelübde sterben müßten.

Von dem heiligen Laienbruder, der das Martyrium erlitt, während er die Regel in den Händen hielt

EIN LAIENBRUDER, DER SICH DIESES HEILIGE DOkument der Regel unsers Vaters sehr zu Herzen nahm und von dem wir glauben, daß er in die Gemeinschaft der Märtyrer aufgenommen ist, war aus Eifer für das Martyrium zu den Ungläubigen gegangen und wurde schließlich von den Sarazenen zum Martyrium geführt; da nahm er die Regel in beide Hände, kniete nieder und sprach mit großer Glut zu seinen Gefährten: »Liebster Bruder, vor den Augen der göttlichen Majestät und vor dir bekenne ich mich schuldig in allem, was ich gegen diese Regel getan habe.«
Diesem kurzen Bekenntnis folgte der Tod durch das Schwert; so vollendete er sein Leben und erlangte die Krone des Martyriums. Dieser Bruder war so jung in den Orden eingetreten, daß er das von der Regel geforderte Fasten kaum aushalten konnte, und er trug trotz seiner Jugend einen Panzer auf seinem Leibe. Glücklicher Knabe, du hast dein Leben selig begonnen und noch seliger vollendet!

Wie er wollte, daß der Orden stets unter dem Schutze und unter der Aufsicht der Kirche stehe

DER SELIGE FRANZISKUS SPRACH EINMAL: »ICH will hingehen und den Orden der Minderen-Brüder dem Schutze der heiligen römischen Kirche empfehlen, denn durch die Rute ihrer Macht sollen die Böswilligen gezüchtigt und gebessert werden, und die Söhne Gottes sollen zur Mehrung des ewigen Heiles überall volle Freiheit genießen; und die Söhne sollen die süßen Gnadengaben ihrer Mutter erkennen und stets mit besonderer Ehrfurcht ihren ehrwürdigen Fußspuren nachfolgen. Denn wenn die Kirche den Orden schützt, wird ihm nichts Böses widerfahren, und nicht wird der Sohn des Belial ungestraft durch den Weinberg des Herrn schreiten. Die heilige Mutter selber wird der Herrlichkeit unserer Armut nacheifern und wird es nicht zulassen, daß der Glanz der Demut durch die Wolken des Hochmutes verdunkelt werde. Die Bande der Liebe und des Friedens wird sie unversehrt in uns bewahren; mit härtester Strafe wird sie die Irrgläubigen verfolgen; und die heilige Bewahrung des Evangeliums wird ohne Unterlaß vor ihrem Angesichte blühen, und sie wird es nicht dulden, daß der Wohlgeruch unsers guten Namens und unsers heiligen Wandels ausgelöscht werde.«

Von den vier besondern Gnaden, die der Herr dem Orden verlieh und die er dem seligen Franziskus durch einen Engel verkündete

DER SELIGE FRANZISKUS SAGTE, ER HABE VOM Herrn vier Gnadengaben erhalten, und ein Engel habe sie ihm verkündigt: daß der Orden bis zum Tage des Gerichts nicht untergehen werde; daß keiner, der den Orden mit Eifer verfolge, lange leben werde; daß keiner, der gewillt sei, im Orden ein schlimmes Leben zu führen, lange in ihm bleiben könne; und endlich, daß jeder, der den Orden aus ganzem Herzen liebe, und sei er auch ein noch so großer Sünder, am Ende Barmherzigkeit erlangen werde.

Von den notwendigen Eigenschaften, die nach seiner Meinung der General des Ordens und seine Gefährten besitzen müßten

SEIN EIFER FÜR DIE BEWAHRUNG DER VOLLKOMmenheit im Orden war so gewaltig, und er hielt die Erfüllung der Regel für etwas so Großes, daß er oft darüber nachdachte, wer nach seinem Tode fähig sein werde, den ganzen Orden zu leiten und mit Gottes Hilfe seine Vollkommenheit zu bewahren - und er konnte keinen finden, der geeignet wäre.
Da sprach einmal gegen das Ende seines Lebens ein

Bruder zu ihm: »Vater, du wirst zum Herrn gehen, und diese Familie, welche dir nachgefolgt ist, wird im Tale der Tränen zurückbleiben. Wenn du also im Orden einen kennst, auf den dein Geist sich verlassen kann und der würdig ist, die Last der obersten Leitung des Ordens zu tragen, so zeige ihn uns.«
Da erwiderte ihm der selige Franziskus: »Mein Sohn, ich sehe keinen, der geeignet wäre, der Führer eines so großen und vielgestaltigen Heeres und der Hirt einer so gewaltigen und weit verstreuten Herde zu sein; aber ich will euch das Bild eines Menschen malen, an dem aufleuchten möge, wie der Führer und Hirt dieser Herde sein sollte.
Dieser Mensch muß von ruhiger Würde, hoher Weisheit und makelloser Ehre sein; er darf keine besondere Neigung haben, damit er seine Liebe nicht ungerecht verteile und so dem Ganzen ein Ärgernis gebe. Er muß vertraut sein mit der Kunst des Gebetes, und er soll bestimmte Stunden seines Gebetes seiner eigenen Seele und andere seiner Herde widmen. Am frühen Morgen soll er das heilige Opfer der Messe feiern und in langer Andacht und mit heißem Eifer sich und seine Herde dem göttlichen Schutze empfehlen. Nach dem Gebete aber soll er seine Brüder um sich versammeln, auf daß alle mit ihren Vorwürfen über ihn herfallen, und er soll allen antworten und in Liebe, Geduld und Sanftmut für alle sorgen.
Er soll nicht auf die Würde der Person sehen und sich um die Einfachen und Einfältigen nicht weniger kümmern, als um die Gelehrten und Weisen. Wenn

ihm die Gabe der Gelehrsamkeit gegeben ist, soll er dennoch seinen Wandel mehr nach dem Bilde der Einfalt und Demut formen und in sich und den andern die Tugenden mehren und sich in ihrer Übung beharrlich ausbilden und die andern mehr durch sein Beispiel als durch seine Worte dazu begeistern. Er soll das Geld verachten, welches für unser Bekenntnis und für unsere Vollendung die gefährlichste Versuchung ist; und als das Haupt und Vorbild, dem alle nachfolgen sollen, möge er keinem ein schlechtes Beispiel geben. Für sich selber genüge ihm sein Ordenskleid und ein Buch, für die andern aber habe er eine Federbüchse mit Schreibrohr und Schreibtafel und ein Siegel. Er soll keine Bücher sammeln und nicht zu sehr auf das Lesen bedacht sein, damit er nicht um des Studiums willen seine Pflicht vernachlässige. Den Betrübten soll er frommen Trost spenden, und denen, die unter Versuchungen leiden, soll er der beste Arzt sein, und nie sollen ihm die Mittel der Heilung fehlen, damit nicht die Krankheit der Verzweiflung die Schwachen überwältige. Um die Stolzen zur Sanftmut zu erziehen, soll er sich selber demütigen und nachgeben, auch wenn er im Recht ist, wenn es dem Gewinn der Seelen dient.

Die Abtrünnigen, die zum Orden zurückkehren, soll er wie Schafe, die verloren waren, mit seinem Mitleid umfangen, und nie soll er ihnen seine Barmherzigkeit verweigern, denn er weiß, daß Versuchungen, die einen Menschen so weit bringen, übermäßig stark sind; denn wenn der Herr es zuließe, daß er selbst in ihnen erprobt würde, fiele er vielleicht viel tiefer.

Ich möchte, daß ihm alle wie einem Stellvertreter Christi mit Demut und Ehrfurcht begegnen, und alle sollen in vollendeter Güte in allem für ihn sorgen, so wie die Notwendigkeit und die Würde unsers Standes es fordern.

Vor allem soll er nicht nach Ehre trachten und sich über den Beifall nicht mehr freuen, als über das Unrecht, das ihm widerfährt, und durch die Ehre, die ihm bezeigt wird, soll sich seine Lebensführung nur zum Besseren wandeln. Wenn er zuweilen reichlichere und bessere Nahrung braucht, soll er sie nicht heimlich, sondern vor aller Augen zu sich nehmen, damit die andern sich nicht schämen, für sich zu sorgen, wenn sie krank und schwach sind.

Ganz besonders ist er verpflichtet, die verborgenen Geheimnisse des Gewissens zu erforschen und der Wahrheit in dunkeln Schächten nachzuspüren. Jeder Anklage soll er zunächst mit Mißtrauen begegnen, bis durch sorgfältige Prüfung die Wahrheit offenbar wird. Den Geschwätzigen soll er sein Ohr nicht leihen, und vor allem sollen sie ihm verdächtig sein, wenn sie mit Anklagen kommen, und er möge ihnen nicht leichtfertig glauben. Er soll so sein, daß er in keiner Weise das männliche Wesen des Rechtes und der Gerechtigkeit verleugnet oder abschwächt: er soll keine Seele durch allzu große Härte morden, noch soll er durch übertriebene Milde die Lässigkeit fördern und durch schlaffe Nachgiebigkeit Anlaß zum Verfall der Zucht geben; alle sollen ihn fürchten, aber von denen, die ihn fürchten, soll er geliebt werden. Und er soll das Amt der Führung des Ordens stets mehr als eine Last, denn als eine Ehre ansehen. Ich möchte, daß er Gefährten habe, ausgezeichnet durch ihre Ehrbarkeit, ihre Strenge gegen ihre Gelüste, in Anfechtungen stark, fromm und barmherzig mit den Sündern und von gleicher Liebe gegen alle erfüllt; sie sollen für ihre Mühen nichts empfangen, als was sie unbedingt für ihren Leib brauchen, und sie sollen kein anderes Ziel haben als das Lob Gottes, die Vervollkommnung des Ordens, das Verdienst der eigenen Seele und das vollendete Heil aller Brüder. Sie sollen gegen alle von gleicher Heiterkeit sein und die, welche zu ihnen kommen, mit heiliger Freundlichkeit empfangen und sich selber als das Vorbild und Beispiel der Befolgung des Evangeliums, wie das Bekenntnis der Regel sie fordert, in Reinheit und Einfalt allen vorhalten.

Siehe, so müßte der General dieses Ordens sein, und solche Gefährten müßte er haben.«

Wie der Herr mit ihm sprach, als er übermäßig betrübt war, weil die Brüder vom Wege der Vollendung abirrten

DA SEIN EIFER FÜR DIE VOLLKOMMENHEIT DES Ordens so groß war, mußte er traurig werden, sooft er von irgendeiner Unvollkommenheit hörte oder eine solche bemerkte. Und als er sah, daß Einige im Orden ein schlechtes Beispiel gaben und daß die Brü-

der sich von der höchsten Krone der Vollendung abwandten, wurde er im Innersten seines Herzens von übergroßem Schmerze ergriffen, und er sprach einmal im Gebete zum Herrn: »Herr, dir empfehle ich die Familie, die du mir gegeben hast.«
Und sogleich sprach der Herr zu ihm: »Du einfältiges und törichtes Menschlein, warum betrübst du dich so sehr, wenn ein Bruder den Orden verläßt und wenn die Brüder nicht auf dem Wege wandeln, den ich dir gezeigt habe? Sage mir, wer hat diesen Orden der Brüder gepflanzt? Wer bekehrt die Menschen zur Buße? Wer gibt ihnen die Kraft, in ihr auszuharren? Bin nicht ich es? Nicht, weil du ein gelehrter und beredter Mann bist, habe ich dich erwählt und über meine Familie gesetzt, denn ich will nicht, daß du und die andern, welche in Wahrheit Brüder sind und in Wahrheit die Regel, die ich dir gegeben habe, befolgen, auf dem Wege der Gelehrsamkeit und Beredsamkeit wandeln. Sondern ich habe dich erwählt, weil du einfältig und töricht bist, damit du und die andern wissen, daß ich über meiner Herde wachen werde; und ich habe dich ihnen zum Zeichen gesetzt, damit sie die Werke, die ich an dir wirke, sehen und selber das gleiche tun. Denn die, welche auf dem Wege wandeln, den ich dir gezeigt habe, besitzen mich und werden mich in immer größerer Fülle besitzen; aber denen, die auf einem andern Wege wandeln wollen, wird auch das genommen werden, was sie zu besitzen scheinen. Daher sage ich dir, daß du dich nicht betrüben sollst, sondern tue, was du tust, und wirke, was du wirkst, denn in ewiger Liebe habe

ich den Orden der Brüder gepflanzt. Und du sollst wissen, daß ich ihn so sehr liebe, daß ich, wenn ein Bruder zum Unflat der Welt zurückkehrt und außerhalb des Ordens stirbt, dafür einen andern in den Orden sende, der seinen Platz einnehmen und seine Krone empfangen wird. Und wenn er noch nicht geboren wäre, so würde ich bewirken, daß er geboren würde. Und damit du wissest, daß ich das Leben und den Orden der Brüder aus freiem Willen liebe, nimm an, es blieben nur drei Brüder in ihm zurück: dann würden diese drei mein Orden sein, und ich würde sie in Ewigkeit nicht verlassen.« Als der selige Franziskus dies gehört hatte, war sein Geist wunderbar getröstet.

Und wenn er sich auch aus übergroßem Eifer für die Vollkommenheit des Ordens nicht enthalten konnte, tief betrübt zu sein, sooft er hörte, daß die Brüder irgend etwas Unvollkommenes taten, wodurch sie ein böses Beispiel gaben und Ärgernis erregten, so erinnerte er sich doch stets, seit er vom Herrn also getröstet worden war, jenes Psalmes: »‚Ich habe einen Schwur getan und beschlossen, die Gerechtigkeit des Herrn zu bewahren' [cf. Ps. 118, 105—106] und die Regel zu befolgen, die der Herr selber mir und denen gegeben hat, die mir nachfolgen wollen. Denn alle Brüder haben sich dazu verpflichtet wie ich. Und so bin ich, seit ich die Führung der Brüder wegen meiner Krankheiten und aus anderen vernünftigen Gründen aufgegeben habe, nur noch gehalten, für den Orden zu beten und den Brüdern ein gutes Beispiel zu geben. Denn dies habe ich vom Herrn, und ich weiß es in Wahrheit, daß die größte Hilfe, die ich dem Orden gewähren kann, darin besteht, daß ich täglich - soweit mich meine Krankheit nicht entschuldigt - für ihn zum Herrn bete, der ihn lenken, bewahren und behüten möge. Denn ich habe mich dem Herrn und den Brüdern verpflichtet, daß ich, wenn einer der Brüder durch mein schlechtes Beispiel zugrunde gehen sollte, gehalten sein möge, dem Herrn für ihn Rechenschaft abzulegen.«

Diese Worte sprach er zu sich, um sein Herz zu beruhigen; auch sagte er sie des öfteren zu seinen Brüdern bei Gesprächen und auf den Kapiteln.

Als ihm daher ein Bruder einmal sagte, er müsse sich um die Leitung des Ordens kümmern, antwortete er ihm und sprach: »Die Brüder haben ihre Regel und haben geschworen, sie zu halten, und damit sie an mir keine Entschuldigung haben, seit es dem Herrn gefallen hat, mich an ihre Spitze zu stellen, habe ich vor ihnen geschworen, daß auch ich sie halten will. Daher wissen die Brüder, was sie zu tun und was sie zu meiden haben, und für mich bleibt nichts übrig, als sie durch meine Werke zu belehren, denn dazu bin ich ihnen in meinem Leben und nach meinem Tode gegeben.«

Von seiner großen Sorge um S. Maria von Portiuncula und von den Verordnungen, die er dort gegen müßige Worte erließ

SOLANGE ER LEBTE, WAR VOR ALLEN ANDERN Plätzen des Ordens die Vollkommenheit der Lebensführung an dem heiligen Orte von S. Maria de Angelis, als dem Haupt und der Mutter des ganzen Ordens, sein vorzüglichstes Anliegen und seine innerlichste Sorge; denn es war seine Absicht und sein Wille, daß dieser Ort vor allen andern Vorbild und Beispiel der Demut, Armut und jeder Vollendung im Sinne des Evangeliums sei und daß die Brüder, welche dort weilten, stets vor allen andern Brüdern umsichtig und besorgt seien in dem, was sie tun, und in dem, was sie meiden, soweit es sich auf die vollendete Befolgung der Ordensregel bezöge.

Um daher den Müßiggang zu vermeiden, welcher die Wurzel alles Bösen ist, besonders bei einem Mönche, ordnete er einmal an, daß die Brüder täglich sofort nach der Mahlzeit mit ihm zusammen irgendeine Arbeit verrichten sollten, damit nicht der Gewinn, der in der Zeit des Gebetes erworben würde, durch unnütze und müßige Worte, zu denen der Mensch vor allem nach der Mahlzeit geneigt ist, ganz oder teilweise verloren gehe.

Ebenso gab er den Befehl, streng daran festzuhalten, daß ein Bruder, der während der Ruhe oder während der Arbeit in der Gemeinschaft der Brüder ein müßiges Wort spräche, verpflichtet sein solle, ein

Vaterunser zu beten und am Anfang und am Ende des Gebetes den Herrn zu preisen; und zwar sollte er, wenn er sich selbst seiner Schuld bewußt würde, diese bekennen und das Vaterunser und die *Laudes Dei* für seine eigene Seele beten; wenn er aber zuerst von einem andern Bruder getadelt würde, dann sollte er das Vaterunser in der beschriebenen Weise für den Bruder beten, der ihn gerügt hatte. Und wenn durch sein eigenes oder durch das Zeugnis eines andern bewiesen wäre, daß er in Wahrheit jenes müßige Wort gesprochen habe, dann solle er die erwähnten *Laudes Dei* am Anfang und am Ende seines Gebetes so laut sprechen, daß alle umstehenden Brüder ihn hören und verstehen könnten. Die Brüder aber sollten ihn schweigend anhören. Wenn aber einer einen Bruder ein müßiges Wort sprechen höre und dazu schweige und ihn nicht tadle, dann solle er gleichfalls gehalten sein, ein Vaterunser mit den *Laudes Dei* für die Seele dessen zu beten, der jenes Wort gesprochen habe.

Und jeder Bruder, der eine Zelle, ein Haus oder sonst einen Ort beträte und dort einen oder mehrere Brüder anträfe, solle sogleich in Frömmigkeit den Herrn preisen und loben.

Der seligste Vater war stets darauf bedacht, den Herrn auf diese Weise zu preisen, und es war sein Wille und seine heiligste Sehnsucht, auch die andern Brüder zu belehren und zu begeistern, in gleicher Gewissenhaftigkeit und Frömmigkeit den Herrn zu preisen.

Wie er die Brüder ermahnte, niemals diesen Ort zu verlassen

WENN DER SELIGE FRANZISKUS AUCH WUSSTE, daß überall auf der Erde das Reich Gottes gegründet sei, und daß an jedem Orte die göttliche Gnade den Auserwählten Gottes geschenkt werden könne, so hatte er dennoch erfahren, daß S. Maria von Portiuncula eine größere Fülle der Gnade verliehen sei und daß dieser Ort aus dem Himmel den Besuch höherer Geister empfange.

Daher sprach er oft zu den Brüdern: »Seid darauf bedacht, meine Söhne, diesen Ort nie zu verlassen. Wenn ihr auf einer Seite hinausgetrieben werdet, dann kehrt auf der andern wieder zurück; denn dieser Ort ist wahrhaft heilig und die Wohnung Christi und seiner Mutter. Als wir hier nur wenige waren, hat der Herr uns vermehrt; hier hat er mit dem Lichte seiner Weisheit die Seelen seiner Armen erleuchtet; hier hat er mit dem Feuer seiner Liebe unsern Willen entzündet. Wer hier mit demütigem Herzen betet, wird erhalten, worum er bittet; und wenn er hier sündigt, wird er schwerer gestraft. Darum, meine Söhne, begegnet diesem Orte mit hoher Ehrfurcht und erweiset ihm alle Ehren, denn er ist in Wahrheit die Wohnung Gottes und vor allen andern von ihm und seiner Mutter geliebt. Und ihr sollt hier aus euerm ganzen Herzen und mit einer Stimme des Jubels und des Dankes Gott den Vater und seinen Sohn, unsern Herrn Jesus Christus, in der Einheit des Heiligen Geistes preisen.

Von den besonderen Gnaden, die der Herr der Kirche von S. Maria de Angelis verlieh

WAHRHAFT HEILIG IST DIES HAUS VOR ALLEN
und hoher Ehren würdig.
Selig sein Beiname, seliger noch ist sein Name, denn
er birgt aller Gnaden Verheißung.
Der Engel heiliges Licht strahlt über ihm,
und in den Nächten singen sie hier ihre Lieder.
Ganz war es schon geborsten, Franziskus baute es
neu;
aus dreien ward es erkoren, und neu errichtet hat
es der Vater.
Der Vater erwählte es sich und umhüllte sich hier
mit rauhem Gewande;
hier bezwang er den Leib und machte ihn dienstbar
dem Geiste.
In diesem Tempel schuf er den Orden der Minderen-
Brüder,
und die Scharen der Männer folgten dem Beispiel
des Vaters.
Christi strahlende Braut ward hier zum ersten Male
geschoren:
der Welt Glanz legte sie ab, um Christi Spuren zu
folgen.
Herrliche Frucht der Brüder und Schwestern
gebar es als heilige Mutter und schenkte Christus
der Welt.
Schmal wurde hier die breite Straße der sündigen
Welt,

und neu verbreitet die Tugend im Volk der Erwählung.
Hier ward die Regel gegründet und neu geboren heilige Armut,
hier ward bezwungen die Eitelkeit und neu errichtet das Kreuz.
Litt in der Welt Franziskus Trauer und bitteren Schmerz:
hier fand den Frieden er und des Geistes Wiedergeburt.
Hier ward die Wahrheit enthüllt, an welcher zweifelt die Welt,
und alles wurde gewährt, um das der Vater gebeten.

FÜNFTES BUCH

VON SEINEM EIFER FÜR DIE VOLLKOMMENHEIT DER BRÜDER

Wie er ihnen den vollkommenen Bruder beschrieb

NACHDEM DER SELIGE VATER FRANZISKUS DURCH das Feuer der Liebe und die Glut des Eifers, womit er um die Vollkommenheit seiner Brüder bemüht war, den heiligen Brüdern seines Ordens ähnlich geworden war, überlegte er oft bei sich selber, mit welchen Eigenschaften und Tugenden ein vollkommener Minderer-Bruder geschmückt sein müsse. Und er sagte, daß der ein guter Bruder sei, dessen Leben und dessen Eigenschaften denen jener heiligen Brüder entspräche, nämlich der vollkommenen Liebe zur Armut des Bruders Bernhard; der Einfalt und Reinheit des Bruders Leo, der in Wahrheit von heiligster Reinheit war; der Liebenswürdigkeit des Bruders Angelus, der der erste Soldat war, der zum Orden kam und der mit aller Heiterkeit und Güte geschmückt war; dem heiteren Angesicht, dem natürlichen Sinn und der schönen und frommen Redeweise des Bruders Masseus; dem hohen Geiste der Betrachtung, den Bruder Ägidius bis zur höchsten Vollendung besaß; dem tugendsamen und beharrlichen Gebete des Bruders Rufinus, der unablässig betete, denn sein Geist weilte stets beim Herrn, auch wenn er schlief oder arbeitete; der Geduld des Bruders Juniperus, dessen Geduld so vollkommen war wegen seiner vollendeten Einsicht in seine eigene Sündhaftigkeit, die er stets vor Augen hatte, und wegen seiner heißen Sehnsucht, Christus auf seinem Kreuzwege nachzufolgen; der Kraft des Leibes und des

Geistes des Bruders Johannes de Laudibus, der in jener Zeit an Körperkraft vielleicht allen Menschen überlegen war; der Liebe des Bruders Rogerius, dessen ganzes Leben in der Glut der Liebe dahinging; dem Hang des Bruders Lucidus zur Einsamkeit, der die Einsamkeit überaus liebte und nie länger als einen Monat an dem gleichen Orte bleiben wollte, denn wenn es ihm irgendwo gefiel, dann kehrte er sogleich zurück und sprach: »Wir haben unsere Wohnung nicht hier, sondern im Himmel.«

Wie er die unkeuschen Augen beschrieb, um die Brüder zur Reinheit zu erziehen

NEBEN DEN ANDEREN TUGENDEN, VON DENEN ER wollte, daß die Brüder sie besäßen, liebte er nach der Grund-Tugend der heiligen Demut vor allem die Schönheit und Reinheit eines keuschen Lebens. Daher wollte er die Brüder lehren, keusche Augen zu haben, und er pflegte ihnen die unkeuschen Augen durch folgendes Gleichnis zu beschreiben:
»Ein frommer und mächtiger König sandte nacheinander zwei Boten zu einer Königin. Der erste kehrte zurück und berichtete die Worte der Königin, von der Königin selbst aber sagte er nichts. Denn er hatte die Augen in seinem Kopfe in weiser Zucht gehalten und die Königin nicht angesehen. Und der andere kehrte zurück, und nach wenigen Worten gab er eine lange Beschreibung der Königin und sprach: ,Wahrlich, Herr, ich habe eine überaus schöne

Frau gesehen; glücklich der, dem sie gehören wird.‘ Und der König sprach zu ihm: ‚Du nichtswürdiger Knecht, du hast deine unkeuschen Augen auf die Königin geworfen. Es ist offenbar, daß du nach ihr verlangtest und sie durch deine Schlauheit gewinnen wolltest.‘

Und er ließ den ersten rufen und sprach zu ihm: ‚Wie gefällt dir die Königin?‘ Und jener sprach: ‚Sie gefällt mir sehr gut, denn sie hat mich freudig und geduldig angehört.‘ So lautete seine kluge Antwort. Und der König sprach zu ihm: ‚Ist sie von großer Schönheit?‘ Und jener antwortete: ‚Herr, das zu sehen und zu beurteilen, steht dir zu, meine Aufgabe war es, dir ihre Worte zu berichten.‘

Da fällte der König folgenden Spruch: ‚Du hast keusche Augen und einen noch keuscheren Leib: bleibe in meinem Hause und freue dich meines Glückes. Jener aber ist in Wahrheit unkeusch, und er soll mein Haus verlassen und mein Brautgemach nicht beflecken.‘«

Und der selige Franziskus sprach: »Wer darf die Braut Christi ohne Furcht anschauen?«

Von den drei Worten, die er den Brüdern zur Bewahrung ihrer Vollkommenheit hinterließ

WEGEN EINER MAGENKRANKHEIT MUSSTE ER SICH einmal so heftig übergeben, daß er die ganze Nacht bis zum Morgen Blut brach. Und als seine Gefährten sahen, daß er vor Schwäche und Not dem Tode nahe war, weinten sie heftig in ihrem tiefen Schmerz und sprachen zu ihm: »Vater, was sollen wir ohne dich machen? Wem wirst du uns in unserer Verwaisung hinterlassen?

Du warst uns stets Vater und Mutter, du hast uns in Christus erzeugt und geboren. Du warst unser Führer und Hirt, unser Lehrer und Richter, der uns mehr durch sein Beispiel als durch seine Worte belehrt und gerichtet hat. Wohin sollen wir gehen, wir Schafe ohne Hirten, wir verwaisten Söhne ohne Vater, wir rohen und einfältigen Menschen ohne Führer? Wo sollen wir dich suchen, du Glanz unserer Armut, du Lob unserer Einfalt, du Ehre unserer Niedrigkeit?

Wer wird uns Blinden den Weg der Wahrheit zeigen? Wo wird ein Mund sein, der zu uns spricht, und eine Zunge, die uns rät? Wo wird ein glühender Geist sein, der uns den Weg des Kreuzes führt und uns stark macht zur Vollendung nach dem Evangelium? Wo wirst du sein, daß wir unsere Zuflucht nehmen zu dir, du Licht unserer Augen, daß wir dich suchen, du Tröster unserer Seelen? Vater, siehe, wirst du wirklich sterben? Siehe, du gehst von uns

und läßt uns zurück in Einsamkeit, Trauer und Bitternis!
Siehe, so naht der Tag, der Tag der Tränen und der Bitterkeit, der Tag der Verzweiflung und Trauer! Siehe, das ist der bittere Tag, den wir gefürchtet haben, seit wir mit dir leben und an den wir nicht einmal denken mochten! Wundere dich nicht darüber! Denn dein Leben war immerdar unser Licht, und deine Worte waren uns alle Tage brennende und leuchtende Fackeln auf dem Wege des Kreuzes zur Vollendung nach dem Evangelium und zur Liebe und Nachfolge des süßesten Kreuzes.
So segne, Vater, uns und die andern Brüder, deine Söhne, die du in Christus gezeugt hast, und hinterlaß uns eine Erinnerung an deinen Willen, damit die Brüder stets daran denken und sprechen können: ‚Unser Vater hat bei seinem Tode seinen Brüdern und Söhnen diese Worte hinterlassen.'«
Da richtete der heiligste Vater seine väterlichen Augen auf seine Söhne und sprach zu ihnen: »Ruft mir den Bruder Benedikt von Pirato!« Dieser Bruder war ein heiliger und weiser Priester, der zuweilen dem heiligen Franziskus während seiner Krankheit die Messe las; denn er wollte stets, wenn es möglich war, die Messe hören, wenn er auch noch so krank war.
Und als jener gekommen war, sprach er zu ihm: »Schreibe auf, daß ich alle Brüder segne, die, welche jetzt im Orden sind, und die, welche zu ihm kommen werden bis an das Ende der Zeit. Und weil ich wegen meiner Schwäche und wegen meiner Schmer-

zen nicht viel sprechen kann, will ich in drei Worten allen gegenwärtigen und künftigen Brüdern meinen Willen und meine Absicht in Kürze offenbaren: sie sollen stets zum Zeichen, daß sie meines Segens und meines Testamentes gedenken, einander lieben, so wie ich sie geliebt habe und liebe; sie sollen stets unsere Herrin, die Armut, lieben und bewahren; und sie sollen stets den Würdenträgern und Klerikern der heiligen Mutter Kirche treu und ergeben sein.«

Denn so pflegte unser Vater stets am Ende der Kapitel alle Brüder, die gegenwärtigen und künftigen, zu segnen und ihnen die Absolution zu erteilen; und auch außerhalb der Kapitel tat er dies häufig in der Glut seiner Liebe. Und er ermahnte die Brüder, das böse Beispiel zu fürchten und zu meiden, und er verfluchte alle, die durch ihr böses Beispiel die Menschen herausforderten, den Orden und das Leben der Brüder zu lästern, denn die guten und heiligen Brüder kämen dadurch in tiefe Scham und Betrübnis.

Von der Liebe, die er kurze Zeit vor seinem Tode seinen Brüdern erwies, indem er jedem von ihnen einen Bissen Brot gab, wie Christus es getan hatte

DER SELIGE FRANZISKUS WURDE EINMAL WÄHrend der Nacht von so heftigen Schmerzen gepeinigt, daß er die ganze Nacht weder Ruhe noch Schlaf fand. Als die Schmerzen am andern Morgen ein wenig nachgelassen hatten, ließ er alle Brüder, die sich dort befanden, zusammenrufen; und er sah sie an, als habe er alle Brüder des Ordens vor sich; dann legte er jedem seine rechte Hand auf das Haupt und segnete alle anwesenden und abwesenden Brüder und alle, die bis an das Ende der Welt in den Orden kommen würden. Und es schien ihn zu betrüben, daß er nicht alle seine Brüder und Söhne vor seinem Tode sehen konnte.

Da er aber seinem Herrn und Meister, dem er im Leben in vollendeter Weise nachgefolgt war, auch im Tode gleichen wollte, ließ er sich Brote bringen, segnete sie und ließ sie in viele kleine Stücke zerbrechen; denn er konnte dies wegen seiner übergroßen Schwäche nicht selber tun. Dann nahm er die Brote, gab jedem ein Stück, und gebot, daß jeder es ganz aufessen möge.

Wie der Herr vor seinem Tode zum Zeichen seiner Liebe um die fünfte Stunde mit seinen Aposteln essen wollte, so wollte auch sein vollendeter Nachfolger, der selige Franziskus, seinen Brüdern das gleiche Zeichen der Liebe geben. Denn daß er dieses voll-

brachte, um Christus ähnlich zu sein, wird dadurch offenbar, daß er nachher fragte, ob es auch wirklich die fünfte Stunde gewesen sei. Er tat diese Frage um die sechste Stunde, und so glaubte er, jenes Mahl sei um die fünfte Stunde gewesen.
Ein Bruder aber hatte ein Stückchen jenes Brotes aufbewahrt, und nach dem Tode des seligen Franziskus wurden viele Kranke, die davon aßen, sogleich von ihren Krankheiten geheilt.

Wie er fürchtete, den Brüdern durch seine Krankheiten zur Last zu fallen

WEGEN SEINER SCHMERZHAFTEN KRANKHEITEN konnte er keine Ruhe finden, und er sah, daß die Brüder dadurch sehr beansprucht wurden und viel Mühe mit ihm hatten; weil er aber die Seelen seiner Brüder mehr liebte als seinen eigenen Leib, fürchtete er, die Brüder würden durch ihn zu sehr beansprucht und könnten durch irgendeine Äußerung der Ungeduld eine, wenn auch noch so geringe Sünde gegen Gott begehen.
Und so sprach er einmal in frommem Mitleid zu seinen Gefährten: »Meine liebsten Brüder und Söhne, es soll euch nicht leid sein, daß ihr um meiner Schwäche willen leiden müßt, denn der Herr wird euch für mich, seinen Knecht, in dieser und in der künftigen Welt allen Lohn für euere Mühen wiedererstatten; denn wegen euerer Sorge für meine Krankheit könnt ihr euch diesen Lohn nicht durch andere

Werke gewinnen, aber so werdet ihr einen größeren Gewinn haben, als wenn ihr euch selber mühtet, denn wer mir hilft, hilft dem ganzen Orden und dem Leben der Brüder. Doch ihr sollt so zu mir sprechen: ‚Für dich war all unser Aufwand, und der Herr wird unser Schuldner sein an deiner statt.‘«

Dies sagte aber der heilige Vater, weil er ihnen helfen und ihrem Geiste alle Kleinmütigkeit nehmen wollte; so groß war sein Eifer für die Vollkommenheit ihrer Seelen. Denn er fürchtete, sie könnten zuweilen durch ihre Mühsal versucht sein, zu sprechen: »Wir sind nicht imstande zu beten und zugleich soviel Arbeit auf uns zu nehmen«, so daß sie mürrisch und ungeduldig würden und den großen Lohn für ihre geringe Mühe verlören.

Wie er die Schwestern der heiligen Klara ermahnte

NACHDEM DER SELIGE FRANZISKUS DEN HERRN IN seinen Geschöpfen gepriesen hatte, verfaßte er auch ein heiliges Lied zum Trost und zur Erbauung der armen Schwestern, denn er wußte, daß sie über seine Krankheit sehr betrübt waren. Und da er sie nicht selber besuchen konnte, sandte er ihnen das Lied durch seine Gefährten. Dadurch wollte er seinen Schwestern seinen Willen offenbaren, daß sie ein Leben in Demut führen und untereinander in der Liebe einig sein sollten. Denn er sah, daß ihre Bekehrung und ihr heiliges Leben nicht nur ein erhabenes Beispiel für den Orden der Brüder war, sondern der ganzen Kirche zur höchsten Erbauung gereichte.

Weil er aber wußte, daß sie vom Anfang ihrer Bekehrung an ein allzustrenges und ärmliches Leben geführt hatten, hatte er stets Erbarmen und Mitleid mit ihnen. Daher bat er sie in seinem Liede, stets in heiliger Liebe, in heiliger Armut und in heiligem Gehorsam zu leben und zu sterben, denn der Herr habe sie aus der Zerstreuung zusammengerufen und in Liebe, Armut und Gehorsam vereint. Und besonders ermahnte er sie, die Almosen, die der Herr ihnen schenke, in Freude, Dankbarkeit und weiser Mäßigung für ihren Leib zu verwenden; und vor allem sollten die Gesunden alle Mühen für ihre kranken Schwestern und die Kranken ihre Leiden in Geduld ertragen.

SECHSTES BUCH

VON DER AUSDAUERNDEN GLUT SEINER LIEBE UND SEINES ERBARMENS MIT DEM LEIDEN CHRISTI

Wie er wegen seiner Liebe zum Leiden Christi nicht auf seine Krankheiten achtete

SO GROSS WAR IM SELIGEN FRANZISKUS DIE GLUT der Liebe und des Mitleidens mit den Schmerzen und den Leiden Christi, und so sehr betrübte er sich täglich in seinen Gedanken und in seinen Worten über dieses Leiden, daß er seine eigenen Krankheiten nicht beachtete. So litt er lange Zeit hindurch bis zum Tage seines Todes an Erkrankungen des Magens, der Leber und der Milz, und seit der Zeit, da er von jenseits des Meeres zurückgekehrt war, hatte er die heftigsten Schmerzen an den Augen; dennoch wollte er nie etwas für seine Heilung tun.

Als der Kardinal von Ostia sah, wie es um ihn stand, wie strenge er seinen Leib stets behandelte und daß er das Augenlicht zu verlieren drohte, weil er sich nicht um Heilung sorgen wollte, ermahnte er ihn mit großem Erbarmen und Mitleid und sprach zu ihm: »Bruder, du tust nicht gut daran, dich nicht heilen zu lassen, denn dein Leben und deine Gesundheit sind für die Brüder und für die Weltleute und für die ganze Kirche unentbehrlich; und wenn du dich deiner kranken Brüder erbarmtest und voll Mitleid und Güte zu ihnen warst, darfst du nicht in deiner großen Not zu dir selber grausam sein; ich befehle dir daher, daß du für dich sorgst und dich heilen läßt.«

Denn der heiligste Vater nahm alles, was er im Fleische litt, auf, als wäre es eine Wohltat, und die

Niedrigkeit und die Wundmale des Gottessohnes waren für ihn eine unerschöpfliche Quelle der Süßigkeit.

Wie er gefunden wurde, als er mit lauter Stimme um das Leiden Christi klagte

ALS ER SICH EINMAL BALD NACH SEINER BEKEHrung allein auf einem Wege nicht weit von der Kirche von S. Maria von Portiuncula befand, begann er mit lauter Stimme zu weinen und zu klagen, während er dahinschritt. Da begegnete ihm ein in geistlichen Dingen erfahrener Mensch, und weil dieser fürchtete, er werde von einer Krankheit gepeinigt, sprach er zu ihm: »Was hast du, Bruder?« Und jener erwiderte ihm: »So wollte ich ohne Scheu durch die ganze Welt gehen und über das Leiden meines Herrn klagen.« Da begann auch der andere, zusammen mit ihm heftig zu weinen und zu klagen.

Wir haben diesen Menschen gekannt und haben dies von ihm selber erfahren. Und in seiner Barmherzigkeit spendete er dem seligen Franziskus und uns, seinen Gefährten, viel Trost.

Wie der Trost, den er in der Seele fühlte, zuweilen nach außen sichtbar wurde in seinen Tränen und in seinem Mitleid um Christus

SOLCHES GESCHAH ZUWEILEN DEM SELIGEN FRANziskus, wenn er trunken war von Liebe und Erbarmen zu Christus; denn die überaus süße Melodie seines Geistes schäumte häufig über und ergoß sich nach außen in einen Gesang in französischer Sprache; und der Quell der göttlichen Rede, den sein Ohr im Verborgenen empfing, strömte sich aus in einem Jubellied in französischer Sprache.

Er hob einmal ein Stück Holz von der Erde auf, legte es über seinen linken Arm und bewegte mit der rechten Hand ein anderes Holz wie einen Bogen darüber hin, als spielte er auf einer Geige oder auf einem andern Instrumente; und indem er diese Bewegungen ausführte, sang er dem Herrn Jesus Christus ein französisches Lied. Aber dieser ganze Jubel endete in Tränen, und sein Lobgesang ging unter in seinem Erbarmen mit dem Leiden Christi.

Und er klagte ohne Unterbrechung mit vielen Seufzern und vergaß dabei ganz, was er in den Händen hielt, und wurde in den Himmel entrückt.

SIEBENTES BUCH

VON SEINEM EIFER FÜR DAS GEBET UND FÜR DIE HEILIGE MESSE, UND WIE ER BEI SICH UND BEI DEN ANDERN DIE HEITERKEIT DES GEISTES BEWAHRTE

Vom Gebet und von der heiligen Messe

OBGLEICH DER SELIGE FRANZISKUS LANGE JAHRE unter vielen Krankheiten litt, war seine fromme Ehrfurcht für das Gebet und für die heilige Messe doch so groß, daß er sich niemals an eine Mauer oder eine Wand anlehnte, wenn er betete oder die Tagzeiten sprach; sondern er stand fast immer aufrecht, mit unbedecktem Haupte; zuweilen aber kniete er auch, besonders wenn er den größeren Teil des Tages und der Nacht im Gebete verharrte. Und wenn er durch die Welt zog, blieb er immer stehen, sooft er die Tagzeiten betete; wenn er aber seiner Krankheit wegen ritt, stieg er sofort ab, wenn er das *Officium* betete.

Einmal regnete es sehr heftig, und er ritt, weil er krank war und starke Schmerzen hatte. Und obgleich er schon ganz durchnäßt war, stieg er vom Pferde herab, um die Tagzeiten zu beten; er stand mitten auf dem Wege und sprach das *Officium* mit solcher Glut der Andacht und Ehrfurcht, als befände er sich in einer Kirche oder in einer Zelle, während sich der Regen ohne Unterlaß über ihn ergoß.

Und er sprach zu seinem Begleiter: »Wenn der Leib in Frieden und Ruhe seine Nahrung zu sich nehmen will, die samt dem Leibe eine Beute der Würmer wird, mit wieviel Frieden und Ruhe, mit welcher Ehrfurcht und Frömmigkeit muß die Seele ihre Nahrung empfangen, welche Gott selber ist!«

Wie er stets bei sich und andern die innere und äußere Heiterkeit des Geistes liebte

ES WAR IMMER DIE HÖCHSTE UND VORZÜGLICHSTE Sorge des seligen Franziskus, auch außerhalb des Gebetes und der heiligen Messe ohne Unterlaß von innerer und äußerer Heiterkeit des Geistes erfüllt zu sein. Und er liebte dies auch ganz besonders bei seinen Brüdern. Er tadelte sie oft, wenn sie ihre Schwermut und ihren Ärger nach außen hin zeigten. Denn er sprach: »Wenn der Knecht Gottes sich bemüht, die innere und äußere Heiterkeit des Geistes zu bewahren, die aus der Reinheit des Herzens kommt und durch demütiges Gebet erworben wird, dann können ihm die Dämonen nicht schaden, denn sie werden sprechen: ,Wenn der Knecht Gottes in Glück und Unglück heiter bleibt, dann können wir kein Tor finden, durch das wir eingehen in ihn, und können ihm nicht schaden.' Dann aber triumphieren die Dämonen, wenn sie die Frömmigkeit und Heiterkeit, die aus dem reinen Gebete und aus den andern Werken der Tugend kommen, austilgen oder schwächen können. Denn wenn der Teufel am Knechte Gottes etwas sein eigen nennt, dann wird er in Bälde aus einem Haar einen Balken machen, indem er immer mehr zu dem Seinen hinzufügt - wenn jener nicht weise ist und sich bemüht, so schnell wie möglich den Anteil des Teufels an ihm durch die Tugendwerke des heiligen Gebetes, der Reue, der Beichte und der Buße zu zerstören. Meine Brüder, weil also diese Heiterkeit des Geistes aus der Keuschheit des Herzens und aus der Reinheit des beharrlichen Gebetes kommt, müssen wir uns vor allem bemühen, diese beiden Tugenden zu gewinnen und zu bewahren, damit ihr diese Heiterkeit, die an mir und an euch zu schauen und zu fühlen meine heißeste Sehnsucht ist, im Inneren besitzt und nach außen hin zeiget, zur Erbauung des Nächsten und zur Schande des bösen Feindes. Denn sein und der Seinigen Anteil ist die Trauer, uns aber steht es zu, immerdar fröhlich zu sein und uns im Herrn zu freuen.«

Wie er seinen Gefährten tadelte, weil er ein trauriges Antlitz zeigte

DER SELIGE FRANZISKUS SPRACH EINMAL: »ICH weiß, daß die Dämonen mich hassen wegen der Gnaden, die mir der Herr erwies; und ich weiß und sehe, daß sie sich bemühen, mir in meinen Gefährten zu schaden, da sie mir selbst nichts anhaben können. Wenn sie aber weder mir, noch meinen Gefährten schaden können, dann weichen sie von uns mit großer Beschämung. Und sooft die Versuchung der Schwermut über mich kommt, betrachte ich die Heiterkeit meines Begleiters, und seine Heiterkeit befreit mich sogleich von der Versuchung der Schwermut, und ich werde innerlich und äußerlich froh.«
Daher tadelte der Vater sehr heftig die, welche ihre Trauer nach außen zur Schau trugen. So schalt er

einmal einen seiner Gefährten wegen seines betrübten Gesichtes und sprach zu ihm: »Warum zeigst du nach außen deine Trauer und deinen Schmerz über das, was dich innerlich quält? Deine Schwermut soll nur zwischen dir und Gott stehen, und du sollst ihn bitten, dich um seiner Barmherzigkeit willen zu schonen und dir die Freude seines Heiles wiederzugeben, welche du durch die Schuld deiner Sünde verloren hast. Aber vor mir und den andern sollst du stets heiter sein, denn es ist nicht gut für einen Knecht Gottes, seinen Brüdern ein bekümmertes und trauriges Gesicht zu zeigen.«

Man denke oder glaube aber nicht, daß man nach dem Willen unseres Vaters, der in allem reife Weisheit und ehrfürchtige Zucht liebte, diese Heiterkeit durch Lachen oder gar durch müßige Worte zeigen könne; denn dadurch offenbart man nicht Heiterkeit des Geistes, sondern Eitelkeit und Albernheit. Ja er verabscheute an einem Knecht Gottes ganz besonders das Lachen und müßige Reden, und er wollte nicht nur selber nicht lachen, sondern auch andern möglichst wenig Gelegenheit zum Lachen geben. So beschrieb er einmal in einer Ermahnung mit klaren Worten die Heiterkeit des Knechtes Gottes. Er sprach: »Glücklich der Mönch, der seine Freude und Fröhlichkeit nur in den heiligsten Worten und Werken Gottes findet und durch sie die Menschen in Heiterkeit und Freude zur Liebe Gottes führt. Und wehe dem Mönche, der sich an müßigen und eitlen Reden ergötzt und die Menschen dadurch zum Lachen bringt.«

Die Heiterkeit des Angesichtes war ihm also der Ausdruck jener glühenden Sorge, die den Geist und den Leib zur freudigen Ausführung alles Guten erzieht; denn durch solche Begeisterung und Zucht werden die Menschen zuweilen leichter entzündet, als durch die gute Tat selbst. Denn wenn eine Handlung, so gut sie an sich sein mag, nicht aus Freude und Begeisterung zu kommen scheint, dann erzeugt sie eher Verdruß, als daß sie zum Guten entzündet. Daher wollte er kein trauriges Angesicht sehen, denn ein solches verrät fast immer innere Verbitterung und Unvermögen und Trägheit des Geistes zu allem Guten. Dagegen liebte er bei sich und bei den andern vor allem den ernsten und reifen Ausdruck des Angesichtes und aller Glieder und Sinne des Leibes, und er leitete, soviel er konnte, die andern durch sein Wort und sein Beispiel dazu an. Denn er hatte erfahren, daß ein Leben in Würde und Maß allen Pfeilen des Teufels wie eine Mauer und ein starker Schild standhält und daß die Seele ohne den Schutz dieser Mauer und dieses Schildes zu vergleichen ist einem nackten Soldaten unter starken und schwerbewaffneten Feinden, die es alle auf seinen Tod abgesehn haben.

Wie er die Brüder lehrte, für ihren Leib zu sorgen, damit ihre Gebetskraft nicht erlahme

DA DER HEILIGSTE VATER WUSSTE UND BEDACHTE, daß der Leib wegen der Seele erschaffen ist und daß alle Handlungen des Leibes dem Geiste dienen müssen, sprach er: »Der Knecht Gottes soll beim Essen und Schlafen und bei allem, was er für seinen Leib tut, mit weiser Mäßigung für sich sorgen, damit sein Bruder Leib nicht aufbegehre und spreche: ‚Ich vermag nicht aufrecht zu stehen und im Gebete auszuharren, auch kann ich in meiner Qual nicht froh werden und bin nicht imstande, andere gute Werke zu tun, wenn du mir nicht gibst, was ich brauche.'
Denn wenn der Knecht Gottes mit weiser Zucht und Mäßigung für seinen Leib sorgte und der Bruder Leib wäre dennoch nachlässig und träge oder schläfrig während des Betens, während der Nachtwachen und bei den andern guten Werken, dann müßte er wie ein schlechtes und faules Zugtier dafür gezüchtigt werden, daß er nur essen will und nicht nützlich sein und keine Lasten tragen. Wenn aber der Bruder Leib aus Mangel und Armut in Gesundheit und Krankheit nicht erhält, was er braucht, und der Mönch in Demut und Bescheidenheit seinen Bruder oder seinen Vorgesetzten aus Liebe zu Gott darum bittet und es nicht erhält, dann soll er seine Not geduldig ertragen, aus Liebe zu Gott, der auch darauf wartete, ob einer ihn tröste, und keinen fand. [Cf. Ps. 68, 21.] Und wenn er seine Not mit Geduld erträgt, wird

Gott sie ihm als Martyrium anrechnen. Und weil er getan hat, was seine Pflicht war, indem er demütig um das bat, was er brauchte, ist er von Sünde frei, auch wenn sein Leib schweren Schaden erleidet.«

ACHTES BUCH

VON DEN VERSUCHUNGEN, DIE DER HERR IHM WIDERFAHREN LIESS

Wie ein Dämon sich in ein Kissen einschlich, das er unter dem Kopfe hatte

ALS DER SELIGE FRANZISKUS EINMAL IN DER EINsiedelei von Greccio weilte, um dort in der hintersten Zelle zu beten, rief er während der Nacht seinen Begleiter, der gerade eingeschlafen war und neben ihm lag. Und sein Begleiter erhob sich, ging in den Vorraum der Zelle, wo sich der selige Franziskus befand, und der Heilige sprach zu ihm: »Bruder, ich kann in dieser Nacht nicht schlafen, noch aufrecht stehen, um zu beten; denn mein Haupt und meine Beine zittern so heftig, als hätte ich Brot aus Lolch gegessen.«

Und als sein Begleiter Worte des Trostes zu ihm sprach, sagte der selige Franziskus: »Wahrlich, ich glaube, daß der Teufel in diesem Kissen steckt, das ich unter meinem Kopfe habe.«

Denn seit er die Welt verlassen hatte, wollte er nie mehr auf Federbetten liegen und keine Federkissen haben; aber die Brüder zwangen ihn damals wegen seiner Augenkrankheit, sich gegen seinen Willen eines Kissens zu bedienen.

Und er reichte seinem Gefährten das Kissen; dieser ergriff es mit der rechten Hand und legte es auf seine linke Schulter. Und sogleich, als er den Vorraum jener Zelle verlassen hatte, verlor er die Sprache und war nicht mehr imstande, seinen Arm zu bewegen und das Kissen herunterzunehmen; er stand aufrecht da, konnte sich nicht von der Stelle rühren und hatte alles Bewußtsein seiner selbst verloren. Als er aber eine Weile so gestanden hatte, bewirkte die Gnade Gottes, daß der selige Franziskus ihn rief, und sogleich kam er wieder zu sich und ließ das Kissen hinter seinem Rücken auf die Erde fallen. Dann kehrte er zum seligen Franziskus zurück und erzählte ihm alles, was ihm widerfahren war. Und der Heilige sprach zu ihm: »Als ich heute abend die Komplet sprach, merkte ich, daß der Teufel die Zelle betrat. Ich sehe daraus, wie schlau dieser Teufel ist, denn da er meiner Seele nicht schaden kann, will er wenigstens meinen Leib quälen, so daß ich nicht schlafen und beim Beten nicht aufrecht stehen kann. So will er die Andacht und die Heiterkeit meines Herzens stören, damit ich versucht werde, wegen meiner Leiden zu murren.«

Von der schweren Versuchung, die ihn über zwei Jahre bedrängte

ALS ER EINMAL BEI S. MARIA VON PORTIUNCULA weilte, widerfuhr ihm zum Heile seiner Seele eine überaus schwere Versuchung. Und er litt dadurch so sehr an Leib und Seele, daß er sich oft von der Gemeinschaft der Brüder absonderte, denn er konnte sich ihnen nicht so heiter zeigen, wie es seine Gewohnheit war. Trotzdem peinigte er sich noch durch die Enthaltsamkeit von Speise und Trank und durch Schweigen. Er betete inständig und vergoß viele Tränen, damit der Herr ihm in einer so großen Heimsuchung seine Hilfe gewähre.

Und als er mehr als zwei Jahre so gelitten hatte, geschah es eines Tages, als er in der Kirche der Mutter Gottes betete, daß im Geiste jenes Wort des Evangeliums zu ihm gesprochen ward: »Wenn dein Glauben wäre wie ein Senfkorn und du würdest zu diesem Berge sprechen: Begib dich hinweg von hier an einen andern Ort!, dann würde es also geschehn.« [Cf. Mt. 17, 19.] Und sogleich erwiderte der heilige Franziskus: »Herr, von welchem Berge sprichst du?« Und es ward zu ihm gesagt: »Deine Versuchung ist der Berg.« Und der selige Franziskus sprach: »Herr, mir geschehe, wie du mir gesagt hast.« Und sogleich war er so vollkommen von seiner Versuchung befreit, daß es ihm schien, er habe nie irgendeine Versuchung gehabt.

In ähnlicher Weise wurde er in der Zeit, da er die Wunden des Herrn an seinem Leibe empfing, auf dem Berge La Verna von den Dämonen so sehr versucht und gepeinigt, daß er sich nicht so heiter zeigen konnte, wie es seine Gewohnheit war. Da sprach er zu seinem Begleiter: »Wenn die Brüder wüßten, mit wieviel Leiden und Heimsuchungen mich die Dämonen verfolgen, würde es keinen unter ihnen geben, der nicht Mitleid mit mir hätte und sich nicht meiner erbarmte.«

Von der Versuchung, die ihm durch Mäuse widerfuhr, und wie der Herr ihn tröstete und ihm sein Reich versprach

ALS ER EINMAL ZWEI JAHRE VOR SEINEM TODE BEI San Damiano in einer aus Binsen gebauten Zelle weilte, wurde er durch seine Augenkrankheit sehr geplagt, denn er konnte fünfzig Tage lang das Tageslicht und den Anblick des Feuers nicht ertragen; da geschah es durch göttliche Erlaubnis, daß zur Mehrung seines Leidens und seines Verdienstes so viele Mäuse in seine Zelle kamen, daß sie Tag und Nacht um ihn herum und über ihn hinweg liefen und ihn weder beten, noch ruhen ließen. Und wenn er saß, stiegen sie auf seinen Tisch und belästigten ihn sehr. Und er und seine Gefährten erkannten, daß dies eine Versuchung des Teufels sei.

Als der selige Franziskus sah, daß er von so vielen Heimsuchungen gepeinigt wurde, hatte er eines Nachts mit sich selber Erbarmen und sprach zu sich: »Herr, habe acht auf meine Hilfe [cf. Ps. 70, 12] und stehe mir in meinen Leiden bei, daß ich sie geduldig ertrage.«

Und sogleich wurde im Geiste zu ihm gesprochen: »Bruder, wenn dir einer für deine Leiden und Heimsuchungen einen so großen und kostbaren Schatz gäbe, daß du, wenn die ganze Erde aus reinem Golde bestünde und alle Steine Edelsteine wären und alles Wasser Balsam, alles verachten könntest neben jenem großen Schatze - würdest du dich nicht sehr freuen?«

Und der selige Franziskus erwiderte: »Herr, dieser Schatz wäre groß und kostbar und über alle Maßen liebens- und begehrenswert.« Und abermals hörte er eine Stimme zu ihm sprechen: »Dann freue dich, Bruder, und frohlocke in deinen Leiden und Heimsuchungen und fühle dich so sicher, als wärest du schon in meinem Reiche.« Und als er sich am Morgen erhob, sprach er zu seinen Gefährten: »Wenn der Kaiser einem seiner Knechte ein großes Reich gäbe, müßte dieser Knecht sich nicht sehr freuen? Wenn er ihm aber das ganze Kaiserreich gäbe, würde er sich dann nicht noch viel mehr freuen?« Und er sprach zu ihnen: »Also muß ich mich in meinen Leiden und Heimsuchungen gar sehr freuen und stark werden im Herrn und immerdar Gott, dem Vater, und seinem eingeborenen Sohne Jesus Christus, unserm Herrn, und dem Heiligen Geiste für die große Gnade danken, die der Herr mir erwiesen hat. Denn er hat mir, seinem unwürdigen Knecht, der noch im Fleische lebt, sein Reich versprochen. Daher will ich zu seinem Lobe, zu unserm Troste und zur Erbauung des Nächsten dem Herrn ein neues Loblied singen in seinen Geschöpfen, mit denen wir täglich umgehn, ohne die wir nicht leben können und in denen das Menschengeschlecht den Schöpfer so sehr beleidigt. Denn immerdar sind wir undankbar für eine solche Fülle der Gnade und des Segens, weil wir den Herrn, den Schöpfer und Spender alles Guten, nicht so preisen, wie wir es tun sollten.« Und er setzte sich nieder und dachte eine Weile nach.

Dann sprach er: »Du höchster, allmächtiger und

gütiger Herr« - und er machte daraus ein Lied und lehrte seine Gefährten, es zu sprechen und zu singen. Sein Geist war damals so voll des Trostes und der Süßigkeit, daß er den Bruder Pacificus kommen lassen wollte, der in der Welt der König der Dichter genannt wurde und ein Lehrer der Gesangeskunst war; er wollte ihm einige Brüder mitgeben, und sie sollten zusammen durch die Welt ziehen, predigend und das Lob Gottes singend. Und wer von ihnen am besten predigen könne, sollte zuerst dem Volke predigen, und dann sollten alle zusammen, gleichsam als Spielleute Gottes, das Lob des Herrn singen. Nach dem Liede aber sollte der Prediger zum Volke sprechen: »Wir sind die Spielleute des Herrn, und ihr sollt uns dadurch belohnen, daß ihr ausharret in der wahren Buße.« Und er sprach: »Was sind die Knechte Gottes anders als seine Spielleute, die an die Herzen der Menschen rühren und sie mit der Heiterkeit des Geistes erfüllen?«

Und im besonderen sagte er dies von den Minderen-Brüdern, die dem Volke Gottes zu seinem Heile gegeben sind.

NEUNTES BUCH

VON SEINEM GEISTE DER WEISSAGUNG

Wie er voraussagte, daß zwischen dem Bischof und dem Bürgermeister von Assisi durch die Kraft seines Obliedes auf die Geschöpfe Friede entstehen werde

NACHDEM DER SELIGE FRANZISKUS SEINEN LOBgesang auf die Geschöpfe verfaßt hatte, den er den »Sonnengesang« nannte, entbrannte zwischen dem Bischof und dem Bürgermeister von Assisi ein großer Streit, so daß der Bischof den Bürgermeister exkommunizierte und der Bürgermeister verkünden ließ, daß keiner dem Bischof etwas verkaufen, noch etwas von ihm kaufen, noch irgendeinen Vertrag mit ihm schließen dürfe.

Als der selige Franziskus, der sehr krank war, dies hörte, hatte er großes Mitleid mit ihnen, weil sich niemand um die Vermittlung des Friedens bemühen wollte. Und er sprach zu seinen Gefährten: »Für uns, die wir die Knechte Gottes sind, ist es eine große Schande, daß der Bischof und der Bürgermeister einander so hassen und keiner sich darum kümmert, ihnen den Frieden zu vermitteln!« Und alsogleich verfaßte er einen neuen Vers für ein Loblied auf die Geschöpfe. Und er sprach:

»Sei gepriesen, mein Herr, durch die, welche verzeihen aus Liebe zu dir,
die ausharren in Mühsal und Leid.
Selig die, welche dulden in Frieden,
denn du, Allerhöchster, wirst sie krönen.«

Dann rief er einen seiner Gefährten und sprach zu ihm: »Gehe zum Bürgermeister und bitte ihn in meinem Namen, mit seinen Beamten und seinen andern Untergebenen zum Bischof zu kommen.« Und als der Bruder gegangen war, sprach er zu zwei andern seiner Gefährten: »Gehet hin und singet vor dem Bischof, dem Bürgermeister und vor den andern, die bei ihm sind, den Sonnengesang. Und ich vertraue dem Herrn, daß er sogleich ihre Herzen demütigen wird, und daß sie zu ihrer früheren Liebe und Freundschaft zurückkehren werden.«

Nachdem sich alle vor dem Palaste des Bischofs versammelt hatten, erhoben sich jene beiden Brüder, und einer von ihnen sprach: »Der selige Franziskus verfaßte in seiner Krankheit zur Ehre des Herrn und zur Erbauung des Nächsten ein Lied, in welchem er den Herrn in seinen Geschöpfen preist. Und er bittet Euch, dieses Lied in großer Ehrfurcht anzuhören.« Dann fingen sie an, das Lied zu singen.

Und der Bürgermeister erhob sich sogleich, und mit gefalteten Händen und unter vielen Tränen hörte er so aufmerksam und so andächtig zu, als höre er das Evangelium des Herrn, denn er war dem seligen Franziskus mit großem Vertrauen ergeben.

Und als das Loblied auf den Herrn beendet war, sprach der Bürgermeister vor allem Volke: »Wahrlich, ich sage euch, daß ich nicht nur dem Herrn Bischof, den ich als meinen Herrn anerkennen will und muß, verzeihe, sondern daß ich auch dem, der meinen Bruder oder meinen Sohn getötet hätte, vergeben würde.« Dann warf er sich zu den Füßen des Bi-

schofs nieder und sprach zu ihm: »Siehe, ich bin bereit, Euch in allem Genugtuung zu geben, wie es Euch gefällt, aus Liebe zu unserm Herrn Jesus Christus und seinem Knecht, dem seligen Franziskus.« Der Bischof aber ergriff seine Hände, hob ihn auf und sprach zu ihm: »Mein Amt sollte mich demütig machen, weil ich aber von Natur zum Zorne geneigt bin, ist es notwendig, daß du Nachsicht mit mir habest.« Und dann umarmten und küßten sie einander mit großer Güte und Freude.
Da wunderten sich die Brüder und freuten sich, als sie sahen, daß auf den Buchstaben erfüllt wurde, was der selige Franziskus über ihre Eintracht vorausgesagt hatte. Und alle Anwesenden hielten es für ein sehr großes Wunder und schrieben es den Verdiensten des seligen Franziskus zu, daß der Herr so rasch ihre Gesinnung gewandelt hatte und daß jene nach soviel Zwietracht und Ärgernis sich in solcher Eintracht gefunden hatten, ohne durch irgendein Wort dazu ermahnt worden zu sein.
Wir aber, die wir mit dem seligen Franziskus gelebt haben, bezeugen, daß stets alles auf den Buchstaben erfüllt ward, wenn er von irgend etwas sagte: »So ist es«, oder »so wird es sein«. Aber wir haben so Vieles und so Großes gesehen, daß es uns unmöglich ist, alles aufzuschreiben oder zu erzählen.

Wie er den Fall eines Bruders voraussah, der unter dem Siegel der Verschwiegenheit nicht beichten wollte

ES WAR EINMAL EIN BRUDER, DER NACH AUSSEN hin einen ehrbaren und heiligen Wandel zur Schau trug und Tag und Nacht dem Gebete zu obliegen schien. Er bewahrte ein derart beharrliches Stillschweigen, daß er zuweilen dem Priester nur durch Zeichen und nicht durch Worte seine Sünden bekannte. Er schien so fromm zu sein und von solcher Glut der Gottesliebe erfüllt, daß er zuweilen, wenn er schweigend bei den Brüdern saß und irgendein heiliges Wort hörte, sich innerlich und äußerlich auf wunderbare Weise freute, und dadurch stimmte er oft auch die andern Brüder andächtig.

Als er aber mehrere Jahre lang in dieser Haltung ausgeharrt hatte, geschah es, daß der selige Franziskus an den Ort kam, wo er weilte. Und als er von den Brüdern von seinem Wandel gehört hatte, sprach er zu ihnen: »Ihr sollt wissen, daß es in Wahrheit eine Versuchung des Teufels ist, daß er nicht beichten will.«

Unterdessen war der Generalminister gekommen, um den seligen Franziskus zu besuchen, und er begann, jenen Bruder vor ihm zu loben. Der selige Franziskus aber sprach zu ihm: »Glaube mir, Bruder, daß er von einem bösen Geiste geführt und betrogen wird.« Da sagte der General des Ordens: »Es erscheint mir wunderbar und beinahe unglaublich, daß

dies einem Menschen widerfahren könne, der so viele Zeichen und Werke der Heiligkeit tut.« Und der selige Franziskus sprach: »Prüfe ihn, indem du ihm befiehlst, wenigstens einmal oder zweimal in der Woche zu beichten. Wenn er aber nicht auf dich hört, sollst du wissen, daß ich die Wahrheit gesagt habe.«
Da sprach der Generalminister zu jenem Bruder: »Bruder, ich will, daß du wenigstens einmal oder zweimal in der Woche beichtest.« Jener aber legte seinen Finger auf seinen Mund, schüttelte sein Haupt und gab ihm durch diese Zeichen zu verstehn, daß er dies aus Liebe zum Stillschweigen nicht tun werde. Der Generalminister aber entließ ihn, denn er fürchtete, ihm ein Ärgernis zu geben.
Und nach wenigen Tagen verließ jener aus freiem Willen den Orden, kehrte in die Welt zurück und trug ein weltliches Gewand.
Es geschah aber eines Tages, daß zwei Gefährten des seligen Franziskus, als sie ihres Weges gingen, ihm begegneten; er ging allein und war anzusehen wie ein armer Wanderer. Sie hatten Mitleid mit ihm und sprachen zu ihm: »Unglücklicher, wo ist dein ehrbarer und heiliger Wandel? Du wolltest nicht sprechen und dich deinen Brüdern nicht offenbaren, und jetzt irrst du durch die Welt wie ein Mensch, der von Gott nichts weiß.«
Jener aber begann zu sprechen und nach der Art der Weltmenschen bei seinem Glauben zu schwören. Da sprachen sie zu ihm: »Unglücklicher, warum schwörst du wie die Menschen der Welt bei deinem Glauben,

und früher enthieltest du dich nicht nur der müßigen, sondern auch der heiligen Worte!«
Dann entließen sie ihn, und er starb bald darauf. Und wir wunderten uns sehr, wie auf den Buchstaben erfüllt ward, was der selige Franziskus von ihm vorausgesagt hatte, zu der Zeit, da jener Unglückliche von seinen Brüdern für heilig gehalten wurde.

Von einem, der den heiligen Franziskus unter Tränen um Aufnahme in den Orden bat

ZU DER ZEIT, DA NIEMAND OHNE DIE ERLAUBNIS des seligen Franziskus in den Orden aufgenommen wurde, begab sich der Sohn eines vornehmen Mannes aus Lucca mit vielen andern, die in den Orden eintreten wollten, zum seligen Franziskus, der damals krank im Palaste des Bischofs von Assisi lag. Und als alle vor dem seligen Franziskus versammelt waren, neigte sich jener vor ihm, weinte heftig und bat um Aufnahme in den Orden. Da sah der selige Franziskus ihn an und sprach zu ihm: »Du elender und fleischlicher Mensch, warum lügst du vor dem Heiligen Geiste und vor mir? Du weinst im Fleische und nicht im Geiste!«
Und als er dies gesagt hatte, erschienen seine Verwandten mit ihren Pferden vor dem Palaste, um ihn zu ergreifen und wegzuführen. Und als jener den Lärm der Pferde hörte, blickte er zum Fenster hinaus und sah seine Verwandten; da begab er sich so-

gleich zu ihnen und kehrte mit ihnen in die Welt zurück, wie der selige Franziskus es vorausgesehn hatte.

Von dem Weinberg des Priesters, der durch die Schuld des seligen Franziskus ausgeplündert wurde

DER SELIGE FRANZISKUS WEILTE EINMAL WEGEN seiner Augenkrankheit in dem Hause eines armen Priesters, bei der Kirche des heiligen Fabian in der Nähe von Rieti. Damals befand sich aber der Papst Honorius mit seinem ganzen Hofe in jener Stadt, und viele Kardinäle und hohe geistliche Würdenträger besuchten fast täglich den heiligen Franziskus, denn sie verehrten ihn alle sehr.

Zu jener Kirche gehörte ein kleiner Weinberg hinter dem Hause, in dem der selige Franziskus wohnte; und in dem Haus war eine Türe, durch die fast alle, die ihn besuchten, in jenen Weinberg gingen, weil damals die Trauben reif waren und der Platz sehr anmutig war. Und so geschah es, daß der ganze Weinberg verwüstet und fast aller seiner Trauben beraubt wurde.

Jener Priester aber nahm Ärgernis daran und sprach: »Wenn der Weinberg auch klein ist, so brachte er mir doch so viel Wein, daß ich davon leben konnte, und nun habe ich ihn für dieses Jahr verloren.« Als der selige Franziskus dies hörte, ließ er ihn zu sich rufen und sprach zu ihm: »Herr, betrübe dich nicht, denn wir können es jetzt nicht mehr ändern; aber vertraue auf den Herrn, denn er wird dir für mich, seinen Knecht, deinen Schaden erstatten. Sage mir, wieviel Wein du geerntet hast, als der Ertrag des Weinbergs am größten war?« Und der Priester erwiderte ihm: »Vater, es waren dreizehn Hektoliter.« Da sprach zu ihm der selige Franziskus: »Betrübe dich nicht und sage keinem wegen dieser Sache ein unrechtes Wort; sondern vertraue dem Herrn und meinen Worten, und wenn du weniger als zwanzig Hektoliter Wein ernten wirst, sollst du den Rest von mir erhalten.«

Von da an schwieg der Priester und war beruhigt; zur Zeit der Weinlese aber erntete er durch göttliche Fügung von seinem Weinberge nicht weniger als zwanzig Hektoliter Wein. Und der Priester und alle, die davon hörten, wunderten sich sehr und sprachen: »Wenn dieser Weinberg voller Trauben gewesen wäre, so hätte man unmöglich zwanzig Fässer Wein ernten können.«

Wir aber, die wir mit ihm gelebt haben, bezeugen, daß in diesen und allen andern Dingen stets alles auf den Buchstaben erfüllt ward, was er voraussagte.

Von den Soldaten zu Perugia, die ihn beim Predigen störten

ALS DER SELIGE FRANZISKUS EINMAL AUF DEM Marktplatz von Perugia einer großen Volksmenge predigte, zogen die Soldaten mit ihren Pferden über den Marktplatz, hielten Waffenübungen ab und störten die Predigt; und sie ließen nicht davon ab, obgleich sie von den Anwesenden dafür geschmäht wurden.

Da wandte sich der selige Franziskus zu ihnen und sprach mit großer Glut des Geistes: »Höret und verstehet, was euch der Herr durch mich, seinen Knecht, verkündet; und ihr sollt nicht sagen: Was will dieser Mann aus Assisi!« [Dieses sagte er aber, weil ein alter Hader zwischen den Einwohnern von Perugia und Assisi bestand.]

Und er sprach zu ihnen: »Der Herr hat euch über euere Feinde erhoben, und darum schuldet ihr euerm Schöpfer großen Dank und müßt euch nicht nur vor Gott selbst, sondern auch vor euern Feinden demütigen; aber euer Herz ist hochmütig geworden, und ihr habt das Land euerer Feinde verwüstet und viele von ihnen getötet. Darum sage ich euch, wenn ihr euch nicht bald zum Herrn bekehrt und ihnen Genugtuung gebt in allem, was ihr ihnen angetan habt, dann wird der Herr, der nichts ungerächt hingehen läßt, sie an euch rächen, und zu euerer Strafe und Schande wird er euch selber gegeneinander aufbringen; dann wird es Aufstand und Bürgerkrieg geben, und ihr werdet mehr Unheil erleiden, als euere Feinde euch je zufügen könnten.«

So pflegte der selige Franziskus in seinen Predigten niemals die Laster des Volkes zu verschweigen, sondern er tadelte sie alle in männlicher Offenheit. Der Herr aber hatte ihm so große Gnaden verliehen, daß alle, die ihn sahen und hörten, welchem Stande sie auch angehörten, ihn wegen der Gnadenfülle Gottes, die über ihm war, fürchteten und verehrten; und so heftig er sie tadelte, so wurden sie doch stets von seinen Worten erbaut und bekehrten sich zum Herrn oder wurden doch wenigstens in ihrem Gewissen erschüttert.

Und es geschah durch göttliche Fügung, daß nach wenigen Tagen ein Streit zwischen dem Volke und den Soldaten entstand und das Volk die Soldaten aus der Stadt vertrieb. Und mit Hilfe der Kirche, die auf ihrer Seite war, verwüsteten die Soldaten die Äcker, Weinberge und Obstbäume der Bürger und schädigten das Volk, soviel sie nur konnten. Und in gleicher Weise zerstörte das Volk alles Eigentum der Soldaten, und so wurden nach dem Worte des heiligen Franziskus das Volk und die Soldaten bestraft.

Wie er die verborgene Versuchung eines Bruders erkannte

EIN FROMMER BRUDER, DER DEM SELIGEN FRANziskus vertraut war, hatte viele Tage lang unter den schweren Nachstellungen des Teufels gelitten und war in tiefe Verzweiflung geraten. Und da er Tag für Tag gepeinigt wurde, schämte er sich, so oft zu beichten, und strafte sich selber sehr hart durch Fasten, Nachtwachen, durch Tränen und Geißelungen.

Da geschah es durch göttliche Fügung, daß der selige Franziskus an jenen Ort kam; und als jener Bruder eines Tages mit dem seligen Franziskus ging, erkannte dieser durch den Heiligen Geist die Leiden und Versuchungen des Bruders. Da entfernte er sich ein wenig von einem andern Bruder, der auch bei ihm war, näherte sich dem Gepeinigten und sprach zu ihm: »Liebster Bruder, nach meinem Willen bist du nicht gehalten, jene Versuchungen des Teufels zu beichten; fürchte dich nicht, denn sie haben deiner Seele nicht geschadet; aber sprich mit meiner Erlaubnis ein Vaterunser, sooft du versucht wirst.«

Und jener Bruder freute sich sehr über dieses Wort, besonders aber darüber, daß er nicht verpflichtet war, seine Versuchungen zu beichten, denn das hatte ihn am heftigsten bekümmert. Aber er wunderte sich gar sehr, als er sah, wie der selige Franziskus das erkannt hatte, was nur die Priester, denen er gebeichtet hatte, wußten.

Und sogleich wurde er durch die Gnade Gottes

und durch die Verdienste des seligen Franziskus von seinen Versuchungen befreit und lebte seitdem in Frieden und Ruhe. Und weil der Heilige dies vorausgesehen hatte, hatte er ihn von der Verpflichtung zur Beichte befreit.

Was er vom Bruder Bernhard voraussagte, und wie alles erfüllt wurde

ALS MAN EINMAL KURZE ZEIT VOR SEINEM TODE ein besseres Essen für ihn bereitet hatte, gedachte er des Bruders Bernhard, welcher der erste Bruder war, den er hatte, und sprach zu seinen Gefährten: »Dieses Essen wäre gut für Bruder Bernhard.« Und er ließ ihn sogleich zu sich rufen. Dieser kam und setzte sich neben das Bett, auf dem der Heilige lag. Und Bruder Bernhard sprach: »Vater, ich bitte dich, mich zu segnen und mir deine Liebe zu zeigen, denn wenn du mir deine Liebe offenbarst, glaube ich, daß Gott selber und alle Brüder mich mehr lieben werden.«
Der selige Franziskus konnte ihn nicht sehen, denn er hatte vor einigen Tagen das Augenlicht verloren; aber er streckte seine rechte Hand aus und legte sie auf das Haupt des Bruders Ägidius, welcher der dritte Bruder im Orden war, und glaubte, er lege sie auf das Haupt des Brudes Bernhard, der daneben saß. Aber sogleich erkannte er durch den Heiligen Geist seinen Irrtum und sprach: »Das ist nicht das Haupt meines Bruders Bernhard.«

Da setzte sich Bruder Bernhard näher zu ihm, und der selige Franziskus legte seine Hand auf sein Haupt, segnete ihn und sprach zu einem seiner Gefährten: »Schreibe, was ich dir sage: Der erste Bruder, den der Herr mir gegeben hat, war Bruder Bernhard; er ist zuerst in vollendeter Weise dem Evangelium nachgefolgt, indem er alles, was er besaß, den Armen gab; wegen dieser und vieler anderer Gnaden, die ihm verliehen sind, bin ich gehalten, ihn mehr zu lieben als irgendeinen Bruder des ganzen Ordens. Daher ist es mein Wille und mein Befehl, daß der Generalminister ihn liebe und verehre wie mich selbst; und die Provinzialminister und die Brüder des ganzen Ordens sollen in ihm meinen Stellvertreter sehen.« Und Bruder Bernhard und die andern Brüder wurden durch diese Worte gar sehr getröstet.

Der selige Franziskus kannte die hohe Vollkommenheit des Bruders Bernhard und weissagte einmal vor einigen Brüdern über ihn und sprach zu ihnen: »Ich sage euch, daß dem Bruder Bernhard zu seiner Vollendung mächtige und kluge Dämonen beigesellt sind, die ihm mit vielen Drangsalen und Versuchungen nachstellen werden. Aber kurze Zeit vor seinem Tode wird der Herr in seiner Barmherzigkeit alle Drangsal und alle Versuchung von ihm nehmen und seinem Geiste und seinem Leibe so großen Frieden und Trost schenken, daß alle Brüder, die ihn sehen werden, sich sehr erstaunen und es für ein großes Wunder halten werden; und in diesem

Frieden und Trost des Geistes wird er zum Herrn eingehen.«

Diese Worte des seligen Franziskus haben sich wörtlich erfüllt. Denn als Bruder Bernhard starb, war sein Geist so voll des Friedens und des Trostes, daß er nicht liegen bleiben wollte. Und wenn er doch im Bett blieb, so saß er aufrecht darin, damit auch nicht der leiseste Blutandrang in seinem Kopfe Träume und Bilder der Phantasie erzeuge und seine Gedanken an Gott behindere. Und wenn dies zuweilen doch geschah, stand er sogleich auf, geißelte sich und sprach: »Was war das? Warum habe ich solche Gedanken?« Auch wollte er keine Arznei annehmen und sprach zu dem Bruder, der sie ihm brachte: »Störe mich nicht.«

Und um in größerer Freiheit und in tieferm Frieden zu sterben, übergab er alle Sorge für seinen Leib einem Bruder, der Arzt war, und sprach zu ihm: »Ich will mich nicht mehr sorgen um das, was ich esse und was ich trinke, das überlasse ich dir: was du mir gibst, werde ich annehmen; und wenn du mir nichts gibst, werde ich auch um nichts bitten.«

Seit der Zeit, da er anfing krank zu werden, bis zur Stunde seines Todes, wollte er stets einen Priester bei sich haben, und wenn er in seiner Seele etwas fand, das sein Gewissen belastete, beichtete er es sogleich.

Nach seinem Tode aber wurde er weiß, und sein Fleisch war ganz zart, und er schien zu lächeln. So war er im Tode schöner als im Leben; und alle, die ihn im Tode erblickten, freuten sich mehr an ihm, als da sie ihn im Leben sahen; denn er erschien ihnen heilig in seinem Lächeln.

Wie er kurz vor seinem Tode der seligen Klara erlaubte, ihn zu sehen, und wie sein Wort nach seinem Tode erfüllt ward

DIE SELIGE KLARA, DIE ERSTE ARME DER ARMEN Schwestern zu San Damiano bei Assisi, die eifrige Nachfolgerin des seligen Franziskus auf dem Wege der Vollendung nach dem Evangelium, war in jener Woche, da der selige Franziskus zum Herrn ging, von großer Furcht erfüllt, sie werde vor ihm sterben; denn damals waren beide sehr krank. Sie vergoß bittere Tränen und ließ sich nicht trösten, denn sie meinte, sie werde vor ihrem Tode den seligen Franziskus nicht mehr sehen, der nach Gott ihr einziger Vater, Lehrer und Tröster gewesen war und sie zuerst in der Gnade Gottes gegründet hatte. Und sie sagte dies durch einen Bruder dem seligen Franziskus. Als der Heilige das hörte, hatte er Mitleid mit ihr, denn er liebte sie gar sehr mit seiner väterlichen Liebe. Und da er bedachte, daß das, worum sie bat, nicht geschehen könne - nämlich, daß sie ihn sähe -, sandte er ihr, um sie und ihre Schwestern zu trösten, in einem Briefe seinen Segen und sprach sie frei von jedem Vergehen gegen seine Ermahnung und gegen die Gebote und Weisungen des Gottessohnes. Und um ihr alle Trauer zu nehmen, sprach er durch den

Heiligen Geist zu jenem Bruder, den sie zu ihm gesandt hatte: »Gehe hin und sage deiner Herrin Klara, daß sie alle Trauer und allen Schmerz ablege, denn wenn sie mich auch jetzt nicht sehen kann, so soll sie doch in Wahrheit wissen, daß sie und ihre Schwestern mich vor ihrem Tode sehen und großen Trost von mir empfangen werden.«

Und als der selige Franziskus bald darauf während der Nacht zum Herrn ging, geschah es, daß am Morgen das ganze Volk und der Klerus der Stadt Assisi zu ihm kamen; sie holten seinen heiligen Leib von dem Orte weg, wo er unter Liedern und Lobgesängen gestorben war, bestreuten den Weg mit Baumzweigen und trugen ihn so nach dem Willen des Herrn nach San Damiano, damit das Wort erfüllt werde, das der Herr durch den seligen Franziskus zum Troste seiner Töchter und Mägde gesprochen hatte. Man entfernte das eiserne Gitter, durch das die Schwestern das Wort des Herrn zu hören und seinen Leib zu empfangen pflegten, und die Brüder hoben den heiligen Leib des Franziskus von der Bahre und hielten ihn mit ihren Händen lange Zeit an das Fenster, bis die selige Klara und ihre Schwestern getröstet waren, wenn sie auch voll Schmerz und Trauer waren und heftig weinten, als sie sich des Trostes und der Führung ihres so heiligen Vaters beraubt sahen.

Wie er voraussagte, daß man seinen Leib nach seinem Tode ehren werde

ALS ER EINES TAGES KRANK IM PALASTE DES BIschofs von Assisi lag, sprach ein Bruder lächelnd und gleichsam im Scherze zu ihm: »Um wieviel würdest du dem Bischof deine ärmlichen Kleider verkaufen? Baldachine und seidene Tuche werden auf deinen Leib gelegt werden, der jetzt mit einem Sacke bekleidet ist.« Denn damals waren seine Kapuze und sein ganzes Kleid aus Säcken angefertigt.

Der selige Franziskus aber antwortete ihm nicht selber, sondern der Heilige Geist durch ihn, und er sprach mit großer Glut und Heiterkeit des Geistes: »Du sprichst die Wahrheit, denn so wird es geschehen, zur Ehre und zum Ruhme des Herrn.«

ZEHNTES BUCH

WIE DIE GÖTTLICHE VORSEHUNG IN ALLEN DINGEN DES LEBENS FÜR IHN SORGTE

Wie der Herr für die Brüder sorgte, als sie einmal mit einem Arzte an einem ärmlichen Tische saßen

ALS DER SELIGE FRANZISKUS WEGEN SEINER Augenkrankheit in der Einsiedelei von Fonte Colombo bei Rieti weilte, besuchte ihn eines Tages ein Augenarzt. Dieser blieb eine Weile bei ihm und wollte dann gehen; da sprach der selige Franziskus zu einem seiner Gefährten: »Gehet und bereitet dem Arzt ein gutes Mahl.« Da erwiderte ihm sein Gefährte und sprach: »Vater, es beschämt uns, daß wir so arm sind, daß wir ihn nicht zum Essen einladen können.« Da sprach der selige Franziskus zu seinen Gefährten: »Wie gering ist doch euer Glaube! Mehr sage ich euch nicht.« Da sprach der Arzt zum seligen Franziskus: »Bruder, seit die Brüder so arm sind, will ich viel lieber mit ihnen essen.« Jener Arzt war sehr reich, und der selige Franziskus und seine Gefährten hatten ihn schon oft eingeladen, aber er hatte noch nie mit ihnen essen wollen.

Die Brüder aber gingen und bereiteten den Tisch und schämten sich sehr, als sie nur ein wenig Brot und Wein und etwas Gemüse aufstellten, das sie für sich gekocht hatten. Und als sie an dem ärmlichen Tische saßen und anfingen zu essen, da ward an die Türe des Hauses geklopft; einer der Brüder stand auf und öffnete die Türe; da stand eine Frau mit einem großen Korb, angefüllt mit schönem Brote, Fischen, Krebspasteten, mit Honig und frischen Trauben; diese Dinge hatte die Herrin eines etwa 1000

Schritte entfernten Kastells dem seligen Franziskus gesandt.
Als die Brüder und der Arzt das sahen, wunderten und freuten sie sich sehr, denn sie bedachten die Heiligkeit des seligen Franziskus und schrieben alles seinen Verdiensten zu. Und der Arzt sprach zu den Brüdern: »Weder ihr noch wir haben die ganze Heiligkeit dieses Menschen erkannt, wie wir sie hätten erkennen sollen.«

Von dem Fisch, den er in seiner Krankheit begehrte

EIN ANDERMAL, ALS ER SEHR KRANK IM PALASTE des Bischofs von Assisi lag, baten ihn die Brüder, etwas zu essen. Und er antwortete ihnen: »Ich habe keine Lust zu essen, wenn ihr mir aber den Fisch bringt, der der ‚Meerengel' heißt, werde ich vielleicht essen.«
Und als er dies gesagt hatte, brachte einer einen Korb, in dem drei große, gut zubereitete Meerengel und Krebspasteten lagen, die der heilige Vater gerne aß. Bruder Gerardus, der Provinzialminister, hatte sie ihm von Rieti aus geschickt.
Und die Brüder wunderten sich über die göttliche Vorsehung, die ihrem Knechte das verschafft hatte, was man damals in Assisi unmöglich bekommen konnte, denn es war Winter.

Von der Speise und von dem Tuche, wonach er kurze Zeit vor seinem Tode verlangte

ALS ER EINMAL BEI S. MARIA VON PORTIUNCULA weilte und an jener Krankheit litt, an der er sterben sollte, rief er eines Tages seine Gefährten und sprach zu ihnen: »Ihr wißt, daß die Herrin Jakobäa von Settesoli mir und unserm Orden stets treu und ergeben war und ist; und so glaube ich, daß sie es für eine große Gnade und für einen großen Trost halten wird, wenn ihr sie von meinem Zustande benachrichtigt und ihr den besonderen Auftrag gebt, mir ein geweihtes Tuch von der Farbe der Asche zu senden; und zusammen mit dem Tuche soll sie mir jene Speise schicken, die sie mir schon oft in Rom bereitet hat.« Diese aber nennen die Römer »mortariolum« und bereiten sie aus Mandeln, Zucker und andern Dingen.

Jene Herrin aber war eine fromme Witwe und entstammte einer der vornehmsten und reichsten Familien Roms. Durch die Verdienste und Gebete des seligen Franziskus hatte sie so große Gnade vom Herrn erlangt, daß man sie immer um der Liebe und Süßigkeit Christi willen Tränen der Andacht vergießen sah, wie eine zweite Magdalena.

Sie schrieben also einen Brief, wie der Heilige es ihnen gesagt hatte; und ein Bruder ging hin und suchte einen andern Bruder, der den Brief überbringen sollte. In diesem Augenblick wurde an die Türe des Hauses gepocht. Und als ein Bruder die Türe

geöffnet hatte, stand die Herrin Jakobäa vor der Türe, denn sie hatte sich in großer Eile aufgemacht, den seligen Franziskus zu besuchen. Als einer der Brüder sie erkannt hatte, eilte er zum seligen Franziskus und erzählte ihm voll großer Freude, daß die Herrin Jakobäa mit ihren Söhnen und vielen andern von Rom gekommen sei, um ihn zu besuchen. Und er sprach: »Vater, was sollen wir machen? Sollen wir sie eintreten und zu dir kommen lassen?«
Das sagte er aber, weil der selige Franziskus, um die Ehrbarkeit und Heiligkeit jener Einsiedelei zu wahren, bestimmt hatte, daß keine Frau sie betreten dürfe. Und der selige Franziskus sprach zu ihm: »Diese Bestimmung gilt nicht für diese Frau, die in Treue und Ergebenheit von so weit her zu mir gekommen ist.«
Die Herrin trat also ein zum seligen Franziskus und weinte sehr heftig vor ihm. Und das Wunderbare war geschehen, daß sie ein aschenfarbiges Leichentuch zu einer Kutte mitbrachte; auch sonst hatte sie alles bei sich, was in jenem Briefe enthalten war, als hätte sie den Brief selbst gelesen.
Und die Herrin sprach zu den Brüdern: »Meine Brüder, während ich betete, wurde mir im Geiste gesagt: ‚Gehe hin und besuche deinen Vater, den seligen Franziskus; eile und zögere nicht; denn wenn du säumig bist, wirst du ihn nicht mehr lebend antreffen. Bringe ihm diesen Stoff für eine Kutte mit und bereite ihm die Speise, die er liebt. Nimm auch etwas Weihrauch mit und eine große Menge Wachs, um Kerzen daraus zu bereiten.‘« Dies alles aber,

außer dem Weihrauch, hatte in jenem Briefe gestanden, der ihr gesandt werden sollte.
Und so geschah es, daß *der*, welcher den Königen befahl, mit ihren Geschenken seinen Sohn am Tage seiner Geburt zu ehren, auch jene vornehme und heilige Herrin anwies, mit ihren Geschenken seinen geliebtesten Knecht zu ehren in den Tagen seines Todes, der aber der Tag seiner wahren Geburt war.
Und die Herrin bereitete die Speise, die der heilige Vater zu essen wünschte; aber er aß nur wenig davon, denn er verlor immer wieder die Besinnung und war dem Tode sehr nahe.
Auch ließ er viele Kerzen herstellen, die nach seinem Tode vor seinem heiligsten Leibe brennen sollten; aus dem Tuche machten die Brüder ihm eine Kutte, in welcher er dann bestattet wurde. Er befahl aber den Brüdern, einen Sack darüberzunähen, zum Zeichen der heiligsten Demut und der Herrin Armut.
Und in jener Woche, da die Herrin Jakobäa ihn besucht hatte, ging unser heiligster Vater zum Herrn.

ELFTES BUCH

VON SEINER LIEBE ZU DEN GESCHÖPFEN UND VON DER LIEBE DER GESCHÖPFE ZU IHM

Von seiner besonderen Liebe zu den Haubenlerchen, in denen er das Sinnbild des guten Mönches sah

DER SELIGE FRANZISKUS WAR VERSUNKEN IN DIE Liebe Gottes und sah nicht nur in seiner Seele, die mit aller Vollendung geschmückt war, sondern auch in jedem Geschöpf die Güte Gottes in ihrer Vollkommenheit; darum hing er mit besonderer und inniger Liebe an allen Geschöpfen, besonders aber an denen, in welchen er in irgendeiner Weise ein Sinnbild Gottes oder des Ordens sah.

So liebte er vor allen Vögeln ein kleines Vöglein, eine Art Lerche, welche in der Sprache des Volkes »lodola capelluta« oder »Haubenlerche« genannt wird. Und er sagte von ihr: »Unsere Schwester Lerche hat eine Kapuze wie die Mönche; sie ist ein bescheidener Vogel, denn sie sucht gerne auf den Wegen, um ein Körnlein zu finden; sie holt es aus den Abfällen heraus und ißt es. In ihrem Fluge lobt sie den Herrn durch lieblichen Gesang, wie die guten Mönche, die das Irdische verachten, deren Wandel stets im Himmel ist und die in allem die Ehre Gottes wollen. Ihr Federkleid ist der Erde ähnlich und für die Mönche eine Mahnung, keine kostbaren und bunten Gewänder zu tragen, sondern billige von gemeiner Farbe, so wie auch die Erde gemeiner ist, als die andern Elemente.«

Weil er dies an ihnen beobachtete, sah er sie sehr gerne. Und es gefiel dem Herrn, daß auch die Vöglein ihm in der Stunde seines Todes ein Zeichen der

Liebe gaben. Denn am Abend vor der Nacht, da er zum Herrn ging, flog nach der Vesper ein großer Schwarm jener Vögel, die man Haubenlerchen nennt, auf das Dach des Hauses, in dem er lag; sie bildeten in ihrem Fluge ein Rad, welches das Dach kreisförmig umfaßte, und durch ihren süßen Gesang schienen sie den Herrn zu preisen.

Wie er den Kaiser um ein Gesetz bitten wollte, wonach die Menschen am Weihnachtstage für die Vögel, für ihre Ochsen und Esel und für die Armen sorgen sollten

WIR, DIE WIR MIT DEM SELIGEN FRANZISKUS GELEBT und dieses aufgeschrieben haben, bezeugen, daß wir ihn oft haben sagen hören: »Wenn ich mit dem Kaiser sprechen könnte, würde ich ihn bitten, aus Liebe zu Gott ein besonderes Gesetz aufzustellen, wonach niemand unsere Schwestern, die Lerchen, fangen, töten oder sie sonst belästigen dürfte. Ferner, daß alle Bürgermeister und Burgherren verpflichtet sein sollten, alljährlich am Weihnachtstage die Menschen zu zwingen, Weizenkörner und anderes Getreide auf die Wege außerhalb der Städte und Burgen zu streuen, damit unsere Schwestern, die Lerchen, und die anderen Vögel an einem so großen Feiertage keine Not leiden; und aus Ehrfurcht vor dem Sohne Gottes, den die Jungfrau Maria in dieser seligsten Nacht zwischen einem Ochsen und einem

Esel in die Krippe gelegt hat, sollte jeder, der einen Ochsen und einen Esel besitzt, ihnen in der Weihnachtsnacht das allerbeste Futter vorsetzen; auch sollten die Armen an diesem Tage von den Reichen mit guten Speisen gesättigt werden.«
Der selige Franziskus hatte vor dem Geburtstage des Herrn eine tiefere Ehrfurcht als vor allen andern Feiertagen, denn er sprach: »Als der Herr uns geboren war, waren wir gerettet.« Darum wollte er, daß an diesem Tage jeder Christ im Herrn fröhlich sei und aus Liebe zu dem, der sich uns selbst geschenkt hat, nicht nur für die Armen, sondern auch für die Tiere sorge.

Wie das Feuer ihn liebte und ihm gehorchte

ALS ER WEGEN SEINER AUGENKRANKHEIT IN DIE Einsiedelei von Fonte Colombo kam, weil der Kardinal von Ostia und der Bruder Elias, der General des Ordens, ihn gezwungen hatten, sich heilen zu lassen, besuchte ihn eines Tages der Arzt.
Als dieser die Krankheit des seligen Franziskus sah, wollte er ihm die Schläfe mit einem glühenden Eisen brennen. Aber der selige Franziskus wollte zuerst die Ankunft des Bruders Elias abwarten, denn dieser wollte bei der Operation des Arztes anwesend sein. Auch fürchtete er sich sehr und sah es gar nicht gerne, daß man sich um seinetwillen so sehr mühe.
Bruder Elias aber kam nicht, weil er soviel zu tun

hatte, und so ließ der selige Franziskus dem Arzte seinen Willen. Dieser legte das Eisen ins Feuer, um es zu glühen. Der selige Franziskus aber wollte stark werden im Geiste und seine Angst bezwingen, und er sprach zum Feuer: »Bruder Feuer, du bist vornehm und nützlich vor allen andern Geschöpfen; sei heute barmherzig mit mir, denn ich habe dich immer geliebt, und ich werde dich stets lieben, aus Liebe zu dem, der dich geschaffen hat. Und ich bitte unsern Schöpfer, deine Glut zu kühlen, so daß ich sie aushalten kann.« Und als er sein Gebet beendet hatte, schlug er über dem Feuer das Zeichen des Kreuzes.

Wir aber, die wir damals bei ihm waren, verließen ihn alle aus frommem Mitleid, und der Arzt blieb allein bei ihm. Und als der Arzt ihn mit dem glühenden Eisen gebrannt hatte, kehrten wir zu ihm zurück, und er sprach zu uns: »Ihr Kleinmütigen, wie gering ist doch euer Glaube! Warum habt ihr mich verlassen? Wahrlich, ich sage euch, daß ich keinen Schmerz gespürt und die Glut des Feuers nicht gefühlt habe. Und wenn es noch nicht genug war, dann soll der Arzt mich noch einmal brennen!«

Darüber wunderte der Arzt sich sehr und sprach: »Brüder, ich sage euch, daß ich große Angst um ihn hatte, denn er ist so zart und schwach; fürchte ich mich doch sogar, dem stärksten Manne das glühende Eisen aufzulegen; aber er hat sich nicht bewegt und nicht das kleinste Zeichen gegeben, daß es ihn schmerze.«

Es mußten ihm alle Adern von den Ohren bis zur Augenbraue geöffnet werden, aber es half ihm nicht.

Und ein anderer Arzt durchbohrte ihm mit einem glühenden Eisen beide Ohren, aber es half ihm nicht.
Es war kein Wunder, wenn das Feuer und die andern Geschöpfe ihn liebten und ihm gehorchten; denn wir, die wir mit ihm gelebt haben, haben oft gesehn, wie sehr er selber sie liebte und seine Freude an ihnen hatte, und wie sein Geist von frommem Mitleid bewegt ward, sooft er sah, daß man ihnen Böses tat. Und er sprach sie an und freute sich mit ihnen, als wären sie vernunftbegabte Wesen, und häufig wurde er dabei zu Gott entrückt.

Wie er das Feuer nicht löschen wollte, das seine Hosen verbrannte

UNTER ALLEN NIEDRIGEN UND GEFÜHLLOSEN GEschöpfen liebte er am meisten das Feuer wegen seiner Schönheit und Nützlichkeit. Daher wollte er nie, daß man es schlecht behandle.
Als er einmal am Feuer saß, fingen seine leinenen Hosen in der Nähe der Knie zu brennen an, ohne daß er es merkte. Als er dann die Hitze des Feuers spürte, wollte er es dennoch nicht löschen. Als sein Begleiter sah, wie seine Kleider brannten, eilte er herbei, um das Feuer zu löschen; er verbot es ihm aber und sprach: »Liebster Bruder, ärgere das Feuer nicht!« Und er wollte es durchaus nicht zulassen, daß es gelöscht werde. Jener Bruder aber eilte zum Guardian und führte ihn zum seligen Franziskus.

Dieser löschte dann sogleich gegen den Willen des seligen Franziskus das Feuer aus.
Der selige Franziskus aber wollte nie ein Feuer, eine Lampe oder eine Kerze auslöschen, so sehr liebte er das Feuer. Und einmal wollte er nicht, daß ein Bruder ein brennendes Holzscheit von einem Haus in ein anderes trüge, was oft zu geschehen pflegte, sondern er ließ es ihn auf die Erde niederlegen, aus Ehrfurcht vor dem, dessen Geschöpf das Feuer ist.

Wie er ein Fell nicht mehr tragen wollte, weil er es dem Feuer vorenthalten hatte

ALS ER WÄHREND DER VIERZIGTÄGIGEN FASTENzeit auf dem Berge La Verna weilte, entzündete eines Tages sein Begleiter in der Zelle, in der er zu essen pflegte, ein Feuer. Und als das Feuer brannte, begab er sich in eine andere Zelle, in der der selige Franziskus betete, und nahm ein Missale mit, um ihm das Evangelium des Tages vorzulesen; denn wenn der selige Franziskus keine Messe hören konnte, so wollte er doch stets vor dem Essen das Evangelium der Messe des betreffenden Tages hören.
Und als sie sich dann, um zu essen, in jene Zelle begaben, in der das Feuer brannte, da hatte das Feuer bereits das Dach der Zelle ergriffen; sein Begleiter versuchte das Feuer zu löschen, war aber dazu allein nicht imstande. Der selige Franziskus jedoch wollte ihm nicht helfen, sondern ergriff das Fell, mit dem

er sich während der Nacht zudeckte, und ging damit in den Wald.

Als aber die Brüder, die in der Nähe jener Zelle wohnten, den Brand bemerkten, eilten sie sogleich herbei und löschten das Feuer. Später kehrte der selige Franziskus zurück, um zu essen, und nach dem Essen sprach er zu seinem Begleiter: »Mit diesem Felle will ich mich nicht mehr bedecken, weil ich in meinem Geize nicht wollte, daß mein Bruder, das Feuer, es verzehre.«

Von seiner großen Liebe zum Wasser, zu den Felsen, zum Holze und zu den Blumen

NACH DEM FEUER LIEBTE ER VOR ALLEM DAS WASser als das Sinnbild der heiligen Reue und Buße, durch welche die sündige Seele reingewaschen wird, und als das Element, durch das die Seele in der Taufe gereinigt wird. Und wenn er sich die Hände wusch, so tat er dies stets an einem Platze, wo das Wasser, welches auf die Erde floß, nicht mit den Füßen getreten werden konnte.

Wenn er über Felsen schreiten mußte, so ging er mit großer Vorsicht und Ehrfurcht, aus Liebe zu dem, welcher »der Fels« genannt wird. Und so oft er den Psalm hörte: »Auf dem Felsen hast du mich erhöht« [Ps. 26, 6; 60, 3], sprach er mit großer Ehrfurcht und Demut: »*Unter* dem Felsen hast du mich erhöht!«

Den Bruder, der das Brennholz beschaffte, bat er, nie einen ganzen Baum zu fällen, sondern stets einen Teil des Baumes unversehrt zu lassen, aus Liebe zu dem, der unser Heil am Holze des Kreuzes erwirken wollte.
Den Bruder, der den Garten bestellte, bat er, nie das ganze Erdreich mit Gemüsen zu bepflanzen, sondern einen Teil des Gartens für Blumen frei zu lassen, damit er zu jeder Zeit des Jahres unsere Schwestern, die Blumen, hervorbringe, aus Liebe zu der, welche genannt wird »die Blume des Feldes und die Lilie der Täler«. [Cant. 2, 1.]
Darum bat er den Bruder Gärtner, stets in einem Winkel des Gartens ein schönes Beet anzulegen und daselbst duftende Kräuter und schöne Blumen anzupflanzen, damit zu allen Zeiten des Jahres die Menschen durch den Anblick dieser Blumen und Kräuter zum Lobe Gottes begeistert würden. Denn jedes Geschöpf ruft uns zu: »Gott hat mich um deinetwillen erschaffen, o Mensch.«
Und wir, die wir mit ihm gelebt haben, haben gesehen, wie er sich an allen Geschöpfen freute; wenn er sie berührte oder sie ansah, schien sein Geist mehr im Himmel als auf Erden zu weilen. Und weil er von den Geschöpfen so viel Trost empfangen hatte, verfaßte er kurz vor seinem Tode ein Lied, in welchem er den Herrn in seinen Geschöpfen pries; dadurch wollte er die Herzen der Menschen zum Lobe Gottes begeistern, damit der Herr von den Menschen in seinen Geschöpfen gepriesen werde.

Wie er die Sonne und das Feuer vor allen anderen Geschöpfen liebte

UNTER ALLEN GESCHÖPFEN, DIE DER VERNUNFT entbehren, liebte er am meisten die Sonne und das Feuer. Denn er sprach: »Wenn am Morgen die Sonne aufgeht, sollten alle Menschen Gott preisen, der sie zu unserem Nutzen geschaffen hat, denn sie schenkt unseren Augen das Licht des Tages; und am Abend, wenn die Nacht hereinbricht, sollten alle Menschen Gott preisen für unseren Bruder, das Feuer; denn der Herr erleuchtet durch diese beiden unsere blinden Augen; und so müssen wir in diesen und in allen andern Geschöpfen, mit denen wir täglich umgehen, den Schöpfer preisen.«

Er selber erfüllte dieses Gebot bis zum Tage seines Todes. Und wenn ihn seine Krankheit sehr quälte, fing er an ein Lied zu singen zum Lobe des Herrn in seinen Geschöpfen. Und später lehrte er auch seine Gefährten, es zu singen, damit sie beim Lob des Herrn die Bitterkeit ihrer Leiden vergäßen.

Die Sonne war ihm das schönste aller Geschöpfe, und er hielt sie für das beste Gleichnis Gottes, weil auch in der Schrift Gott »die Sonne der Gerechtigkeit« genannt wird. [Mal. 4, 2.] Und als er sein Loblied zum Preise Gottes in seinen Geschöpfen, das er damals verfaßt hatte, da der Herr ihm sein Reich versprach, benennen wollte, nannte er es den »Gesang von der Schwester Sonne«.

Sein Loblied von den Geschöpfen,
das er verfaßt hatte, als der Herr
ihm sein Reich versprach

HÖCHSTER, ALLMÄCHTIGER, GÜTIGER HERR,
dein ist der Preis, die Herrlichkeit, die Ehre und jeglicher Segen:
Dir allein gebühren sie,
und der Menschen keiner ist würdig, dich zu nennen.

Sei gepriesen, mein Herr, mit allen deinen Geschöpfen,
vornehmlich mit unserer Schwester, der Sonne:
sie wirket den Tag und schenkt uns durch ihn das Licht.
Schön ist sie und strahlend in großem Glanze
und deines Wesens, Allerhöchster, ein Gleichnis.

Sei gepriesen, mein Herr, durch unsern Bruder, den Mond, und die Sterne:
Du hast sie am Himmel gebildet, leuchtend, kostbar und schön.
Sei gepriesen, mein Herr, durch unsern Bruder, den Wind,
durch die Luft und die Wolken, durch die heitern und düsteren Tage,
durch welche du deinen Geschöpfen Dauer verleihst.

Sei gepriesen, mein Herr, durch unsere Schwester, das Wasser:
Nützlich ist es sehr, voll Demut, köstlich und keusch.

Sei gepriesen, mein Herr, durch unsern Bruder, das
Feuer,
durch welchen du die Nächte erleuchtest.
Schön ist es, heiter, sehr stark und gewaltig.

Sei gepriesen, mein Herr, durch unsere Schwester,
die Mutter Erde,
welche uns nährt und erhält
und viele Früchte gebiert und bunte Blumen und
Kräuter.

Sei gepriesen, mein Herr, durch die, welche ver-
zeihen aus Liebe zu dir,
die ausharren in Mühsal und Leid.
Selig die, welche dulden in Frieden,
denn du, Allerhöchster, wirst sie krönen.

Sei gepriesen, mein Herr, durch unsern Bruder, den
leiblichen Tod:
keiner der Lebenden kann ihm entrinnen.
Weh denen, die sterben in tödlicher Sünde,
und selig die, welche ruhen in deinem heiligsten
Willen,
denn der zeitliche Tod kann ihnen nicht schaden.

Preiset und lobt meinen Herrn und saget ihm Dank:
und dienet ihm in großer Demut.

ZWÖLFTES BUCH

VON SEINEM TODE
UND VON SEINER FREUDE ÜBER
SEINEN NAHEN TOD

Wie er dem Bruder Elias antwortete, der ihm seine große Heiterkeit vorwarf

ALS ER KRANK IM PALASTE DES BISCHOFS VON Assisi lag und die Hand des Herrn schwerer als je auf ihm lastete, fürchtete das Volk von Assisi, er könnte während der Nacht sterben und die Brüder würden seinen heiligen Leib holen und in eine andere Stadt bringen; sie beschlossen daher, jede Nacht die Mauer des Palastes sorgfältig zu bewachen.

Der heiligste Vater aber ließ zum Troste seines Geistes, und damit die heftigen Schmerzen, die ihn ohne Unterlaß quälten, ihn nicht überwältigten, seine Gefährten das Lob Gottes singen. Er ließ sie dies auch während der Nacht tun, zur Erbauung und zum Troste derer, die seinetwegen den Palast bewachten.

Als aber Bruder Elias sah, daß der selige Franziskus in seiner Krankheit solchen Trost suchte und sich im Herrn freute, sprach er zu ihm: »Die Fröhlichkeit, die du in deiner Krankheit dir und deinen Gefährten offenbarst, ist mir ein großer Trost und eine tiefe Erbauung; wenn aber die Einwohner dieser Stadt, die dich für einen Heiligen halten und genau wissen, daß deine Krankheit unheilbar ist und daß du bald sterben wirst, Tag und Nacht diese Lieder singen hören, dann werden sie denken: ‚Wie kann er so fröhlich sein, obgleich er dem Tode so nahe ist? Er sollte doch an den Tod denken.'«

Da sprach zu ihm der selige Franziskus: »Erinnerst du dich an die Vision, die du bei Foligno hattest und

in der dir gesagt wurde, daß ich nur noch zwei Jahre lang leben werde? Schon bevor du diese Vision hattest, dachte ich durch die Güte Gottes, die dem Herzen alle Gnade schenkt und sie in den Mund seiner Gläubigen legt, Tag und Nacht an meinen Tod; und von der Stunde an, da du deine Vision hattest, war es mir eine große Sorge, täglich an die Stunde des Todes zu denken.«
Dann sprach er mit großer Glut des Geistes: »Bruder, laß mich fröhlich sein im Herrn und ihn in meiner Krankheit preisen, denn durch die Gnade des Heiligen Geistes bin ich innig mit meinem Herrn vereint, und durch seine Barmherzigkeit vermag ich mich im Allerhöchsten zu freuen.«

Wie er den Arzt dazu brachte, ihm zu sagen, wie lange er noch leben werde

IN DIESEN TAGEN BESUCHTE IHN EIN ARZT AUS Arezzo, mit Namen Giovanni Buono, der dem seligen Franziskus sehr vertraut war. Und der selige Franziskus fragte ihn: »Edler Herr, was denkst du: werde ich an meiner Wassersucht sterben?« Er wollte ihn aber nicht bei seinem Namen nennen, weil er nie jemand bei seinem Namen nannte, der »Der Gute« hieß, aus Ehrfurcht vor dem Herrn, welcher sagte: »Keiner ist gut, außer Gott allein.« [Lc. 18, 19.] Auch wollte er zu keinem »Vater« oder »Meister« sagen, noch ihn in seinen Briefen so anreden, aus Ehrfurcht vor dem Herrn, welcher sagte: »Kei-

nen sollt ihr Vater heißen auf Erden, und ihr sollt euch nicht Meister nennen lassen.« [Cf. Mt. 23, 9.]
Da sprach der Arzt zu ihm: »Bruder, durch die Gnade Gottes wird es dir gut gehn.« Und wiederum sprach zu ihm der selige Franziskus: »Sage mir die Wahrheit: was denkst du: Fürchte dich nicht, denn die Gnade Gottes hat mein Herz stark gemacht, und ich fürchte den Tod nicht: durch die Hilfe des Heiligen Geistes bin ich so innig mit meinem Herrn vereint, daß ich mit dem Tode und mit dem Leben gleich zufrieden bin.«
Da sagte ihm der Arzt die Wahrheit: »Vater, nach dem Wissen unserer Kunst ist deine Krankheit unheilbar, und ich glaube, daß du am Ende des Septembers oder in den ersten Tagen des Oktobers sterben wirst.«
Da erhob der selige Franziskus in Demut und Ehrfurcht seine Hände zum Herrn und sprach mit großer Freude des Geistes und des Leibes: »Es ist gut, daß mein Bruder, der Tod, komme!«

Wie er sich den Sonnengesang vorsingen ließ, als er hörte, daß er bald sterben werde

BALD DANACH SPRACH EIN BRUDER ZU IHM: »VAter, dein Leben und dein Wandel sind nicht nur für deine Brüder, sondern für die ganze Kirche ein Licht und ein Spiegel, und das gleiche wird dein Tod für uns sein. Und wenn auch deine Brüder und viele

andere über deinen Tod voll Trauer und Schmerz sein werden, so ist er doch für dich ein großer Trost und eine unendliche Freude: denn aus bitterer Mühsal gehst du ein in die tiefste Ruhe: die Fülle der Leiden und Versuchungen vertauschst du mit dem ewigen Frieden, und für die Armut, welche du immerdar geliebt und vollkommen bewahrt hast, werden dir unermeßliche Reichtümer gegeben werden; aus dem zeitlichen Tode gehst du ein in das ewige Leben, wo du von Angesicht zu Angesicht den Herrn, deinen Gott, schauen wirst, den du in dieser Welt mit so großer Glut und Sehnsucht geliebt hast.«
Und wiederum sprach er zu ihm: »Vater, du sollst in Wahrheit wissen, daß deine Krankheit unheilbar ist, wenn nicht der Herr selber dir vom Himmel seine Hilfe sendet, und daß du nur noch kurze Zeit leben wirst, wie es auch die Ärzte schon gesagt haben. Dieses alles aber habe ich gesagt, um deinen Geist stark zu machen, damit deine Seele und dein Leib sich im Herrn freuen, und die Brüder und die andern, welche dich besuchen, deine Freude im Herrn sehen, so daß ihnen, die es gesehen haben, und denen, die davon hören, dein Tod, so wie früher dein Leben und dein Wandel, eine ewige Erinnerung sei.«
Und obgleich der selige Franziskus damals mehr als je unter seiner Krankheit litt, schienen doch diese Worte seinem Geiste eine neue große Freude zu bereiten; und als er hörte, daß sein Bruder, der Tod, ihm nahe sei, sprach er: »Da es dem Herrn gefällt, daß ich bald sterben soll, rufe mir den Bruder An-

gelus und den Bruder Leo: sie sollen mir das Lied von meinem Bruder, dem Tode, singen.« Und als die beiden Brüder voll Trauer und Schmerz zu ihm gekommen waren, sangen sie unter vielen Tränen das Lied von der Schwester Sonne und von den andern Geschöpfen des Herrn, das der Heilige verfaßt hatte. Und damals fügte er vor der letzten Strophe die Verse über seinen Bruder, den Tod, hinzu, indem er sprach:

»Sei gepriesen, mein Herr, durch unsern Bruder, den
leiblichen Tod:
keiner der Lebenden kann ihm entrinnen.
Weh denen, die sterben in tödlicher Sünde,
und selig die, welche ruhen in deinem heiligsten
Willen,
denn der zeitliche Tod kann ihnen nicht schaden.«

Wie er die Stadt Assisi segnete, als er nach S. Maria von Portiuncula getragen wurde, um dort zu sterben

DER HEILIGSTE VATER LAG IM PALASTE DES BISCHOFS und fühlte, wie seine Krankheit immer schlimmer wurde und die Kräfte seines Leibes immer mehr schwanden; und da er durch den heiligen Geist und durch das Urteil der Ärzte wußte, daß sein Tod nahe war, ließ er sich in seinem Bett nach S. Maria von Portiuncula bringen, damit sein Leib da sterbe, wo seine Seele ihr Licht und ihr Leben empfangen hatte.

Als aber die Träger an das Hospital gekommen waren, das auf halbem Wege nach S. Maria von Portiuncula liegt, bat er sie, sein Bett auf die Erde zu setzen. Und weil seine Augen so schwach waren, daß er nicht mehr sehen konnte, ließ er sein Bett so stellen, daß sein Antlitz nach der Stadt Assisi gewandt war. Dann richtete er sich ein wenig in seinem Bett auf, segnete die Stadt und sprach: »Herr, ich glaube, daß diese Stadt einst die Heimat gottloser Menschen war, jetzt aber sehe ich, daß es der überströmenden Fülle deiner Barmherzigkeit gefallen hat, ihr den Reichtum deines Erbarmens in wunderbarer Weise zu offenbaren; durch deine Güte allein hast du sie erwählt als die Heimat derer, die dich in Wahrheit erkennen, die deinem heiligen Namen die Ehre geben und die der ganzen Christenheit den Wohlgeruch ihres guten Rufes, ihres heiligen Lebens, ihres rechten Glaubens und ihrer Vollendung nach dem Evangelium zeigen. Darum bitte ich dich, Herr Jesus Christus, du Vater der Barmherzigkeit, sieh nicht auf unsere Undankbarkeit, sondern gedenke stets der überströmenden Fülle deines Mitleids und gewähre, daß diese Stadt immerdar die Heimat derer sei, welche dich in Wahrheit erkennen und deinen heiligen und glorreichen Namen in alle Ewigkeit verherrlichen. Amen.«

Nachdem er diese Worte gesprochen hatte, wurde er in die Kirche der Mutter Gottes von Portiuncula getragen, und im vierzigsten Jahre seines Lebens, im zwanzigsten Jahre seiner vollendeten Buße, im Jahre des Herrn 1226, am 3. Oktober ging er zum Herrn Jesus Christus, den er aus seinem ganzen Herzen, aus seinem ganzen Geiste, aus seiner ganzen Seele, mit allen seinen Kräften, mit glühendster Liebe und innigster Sehnsucht geliebt hatte, dem er in vollendeter Nachfolge entgegeneilte und dessen Herrlichkeit ihm zuletzt gegeben ward und welcher lebt und regiert mit dem Vater und dem Heiligen Geiste in alle Ewigkeit. Amen.

HIER IST ZU ENDE DER SPIEGEL DER VOLLKOMMENHEIT VOM STANDE DES MINDEREN BRUDERS, DARIN DIE VOLLENDUNG SEINER BERUFUNG UND SEINES GELÜBDES HINREICHEND GESCHAUT WERDEN KANN: ALLER PREIS UND ALLE HERRLICHKEIT SEI GOTT, DEM VATER, UND DEM SOHNE UND DEM HEILIGEN GEISTE. ALLELUJA, ALLELUJA, ALLELUJA. EHRE UND DANK SEI DER GLORREICHEN JUNGFRAU MARIA. ALLELUJA, ALLELUJA. GLANZ UND ERHÖHUNG WERDE IHREM SELIGSTEN KNECHT FRANZISKUS. ALLELUJA. AMEN

Nachwort
von Romano Guardini

WENN WIR HEUTE DAS WORT »DIE HEILIGEN« brauchen, dann geschieht es in einem andern Sinn, als bei dem Manne, der es zum erstenmal gebraucht hat: Paulus. Die Heiligen sind für ihn jene, die an Jesus Christus glauben, durch die Taufe in das von Ihm gebrachte Neue Leben wiedergeboren und durch die Nachfolge mit Ihm verbunden sind.

Das christliche Dasein ist ein Geheimnis. Alle Paulusbriefe zeugen davon. Es hat eine Dimension mehr als das Dasein der Welt - nein, in ihm ist, das Weltliche umwerfend und neu schaffend, die Macht Christus' des Herrn, der starb und auferstand und nun in geistlicher Wirklichkeit lebt; der den geschichtlichen Raum verließ, da er zum Himmel einging, aber eben damit »wiederkam« und in den neuen, von Ihm geschaffenen Raum der christlichen Innerlichkeit eintrat. Wo das Geschöpf an das Nichts grenzt und die Hand des schaffenden Gottes es im Sein hält; wo die Hand des neuschaffenden Gottes die der Sünde und dem Tode verfallene Kreatur ergreift, um aus ihr den neuen Menschen zu bilden, dort ist die christliche Innerlichkeit. Sie ist jenes »In«, das es nicht für sich gibt, sondern nur durch Christus, an Ihm, mit Bezug auf Ihn. Jenes »In«, welches die Zugewendetheit der erlösenden Liebe des Gottmenschen ist. Dort steht Christus, als wirkende Gestalt, als umformende Macht. Der Inhalt dieses Wirkens aber ist, »daß Christus gebildet werde in uns«, daß der Glaubende »heranwachse zum Vollalter Christi«; daß »er lebe, aber nicht er, sondern Christus lebe in ihm« - und wie die mächtigen und seligen Worte lauten, mit denen Paulus das Geheimnis des christlichen Daseins deutet, wonach Christi, des Gottmenschen liebendes Verlangen danach geht, in den Menschen seine unendliche Fülle zu offenbaren; der Erlöste aber ebendarin vor Gott er selbst wird, daß Christus in ihm lebt. Dieses Geheimnis, geboren in der Taufe, wachsend und sich entfaltend im Fortgang des glaubenden und liebenden Lebens, bildet den Heiligen im paulinischen Sinne.

Die erste Zeit, durch welche noch der Ausbruch der Pfingsten seine Wellen warf, ging vorüber, und allmählich veränderte das Wort seinen Sinn. Nicht, daß die Menschen böser geworden wären; die erste Zeit war auch nicht in allem »gut« - siehe die Apostelgeschichte und die Briefe an die Korinther. Aber sie trug das Bewußtsein des Neuen, des Herausgerufenseins und Angefangenhabens in sich. Allmählich aber wurde das Christsein offiziell. Es nahm den Charakter der normalen Lebensform an. Da verlor sich das Bewußtsein, daß das Christsein als solches heilig sei - in Begriffen, wie dem der heilig-machenden Gnade lebt es noch fort - und die Vorstellung entstand, heilig sei der Mensch, in welchem jenes Neue, Andere, von oben Kommende entscheidend zum Durchbruch gelangt, ja den Charakter des Außergewöhnlichen annimmt. Heilig ist für das unwillkürliche Empfinden nun nicht so sehr das christliche Dasein selbst und als solches, die Gottesfamilie, die Gemeinde, die

Kirche und der gläubig in ihr Lebende, als vielmehr der herausgerufene Einzelne, der aus ungewöhnlicher Begnadung und heroischem Wagnis das offenkundig ist, was die Vielen nicht mehr zu sein scheinen. Das aufrüttelnde Zeugnis für das Leben aus Christus; der Vorstoß dieses Lebens in die Welt hinein, auch in die christliche Welt, die es mit ihrer Durchschnittlichkeit zu verleugnen scheint - das ist nun mit dem Wort »der Heilige« gemeint.

Dieser Heilige ist nicht gleichbedeutend mit dem religiösen Genie. Er ist nicht der ungewöhnlich begabte *homo religiosus,* sondern der unbedingt Gott Liebende. Der, in dessen Dasein das »ich lebe, aber nicht ich, sondern Christus lebt in mir« zur heroischen Form gelangt.
Allerdings, er ist auch ein religiöses Genie. Die religiöse Begabung, welche die lebendigste und zugleich problematischste der menschlichen Möglichkeiten darstellt, hat bei ihm eine ungewöhnliche Intensität und schöpferische Kraft. Ich weiß nicht, ob man sagen kann, das sei bei allen der Fall; vielleicht gibt es auch eine Heiligkeitsform, die sich gerade in der Durchschnittlichkeit der religiösen Begabung entwikkelt. Jene, welche die Kirche mit ausdrücklicher Bezeichnung Heilige nennt, durch die Kanonisation als besonderer Verehrung würdig und für das christliche Dasein vorbildlich erklärt, scheinen jedenfalls jene Genialität des religiösen Empfindens, Erlebens, Schauens, Wege-Suchens, Wagens und Schaffens zu besitzen, welche sie auch schon für den Blick natürlicher

Menschenschätzung so bedeutungsvoll macht. Das alles aber ist erst nur Stoff; das Eigentliche, die Seele, der Sinn der Existenz des Heiligen ist die Unbedingtheit der Christusherrschaft in ihm.

Es ist aber auch wirklich Stoff; bildbare Substanz, die sich mit liebender Bereitschaft, mit reinem Gehorsam der neuen Schöpfung in die Hände gibt. Daraus kommt etwas ganz Großes: sie offenbaren von nun an für Alle gültige Möglichkeiten christlichen Existierens.

In Christus ist die Mensch gewordene Fülle des Logos. Er ist der Allbefassende. Er ist der Eine und Einfache. Die Einfachheit in der Fülle aber ist das Letzte und Höchste; sie ist Gottes Vorrecht. Diese Einfachheit gleichsam in faßliche Teile aufzubrechen; die unendliche Fülle auf besondere, realisierbare Möglichkeiten hin zu deuten, das ist die Sache des religiösen Genies, sobald es sich Christus geschenkt hat und aus Ihm heraus schöpferisch geworden ist. Die Heiligen sind Prismen, welche den einfach-allbefassenden »Strahl des überwesentlichen Lichtes« in die Farben der verschiedenen menschlichen Möglichkeiten brechen.

Dieser Möglichkeiten sind unabsehbar viele, und doch ist's der gleiche, eine Sinn, wie Paulus sagt: »Nun bestehen Unterschiede der Gnadengaben, aber es ist *ein* Geist; Unterschiede der Dienstleistungen, aber es ist *ein* Herr, Unterschiede der Kraftwirkungen, aber es ist *ein* Gott, der Alles in Allen wirkt.« [1. Kor. 12, 4.] Wir wollen sie nicht einmal anzudeuten versuchen, weil es Raum und Können übersteigen würde: wie da Herrscher sind und Mägde; Gelehrte, Handwerker, Bauern; Einsiedler und hohe Damen; Künstler, Politiker, Verkünder und wieder einsam Schauende; Mütter, Jungfrauen, Büßerinnen; Einzelgänger und Gesetzgeber heiliger Gemeinschaft; Gestalten, in denen sich die besonderen Anlagen der Völker, der Zeiten, der gesellschaftlichen Gruppen und kulturellen Stufen ausdrücken; solche, die weite Bahnen öffnen für Viele, und wieder andere, schwer zu Verstehende, welche abseitige, gefährliche Wege gehen; solche, die jederzeit leben könnten, und solche, die an eine einmalige Situation gebunden sind. Unabsehbar viele, und doch nur Eines enthaltend: Christus, der im Menschen Gestalt gewinnt.

Unter dieser *turba magna* gibt es eine Gestalt von einziger Art: Franziskus von Assisi, den Sohn des Bernardone.

Er ist ein Mensch von hinreißender Schönheit, Zartheit und Kraft der Seele. Er ist ein religiöses Genie von unbegreiflicher Größe. Er ist ein Heiliger im allerhöchsten Sinne des Wortes. Sobald wir aber sagen wollen, worin sein Besonderes besteht; jene besondere Brechung des einfach-unendlichen Lichtes, die gerade er bewirkt, werden wir verlegen. Wir heben diesen oder jenen Zug heraus, etwa die Liebe, oder die Armut, und fühlen, daß damit nichts gesagt ist; dann wieder kommt es uns vor, als ob er nicht ein Heiliger unter andern, sondern der Heilige schlechthin sei - bis uns eines Tages klar wird, woher diese seltsame Verlegenheit kommt: Sein besonderes Charisma besteht darin, an Jesus zu erinnern. Die Behauptung klingt sonderbar. Sagten wir nicht, die Heiligen seien die Verdeutlichung Christi? Wohl, das sind sie. Sie drücken Christus aus. Sie übersetzen Den, welcher der Herr und Inbegriff ist, in eine besondere menschliche Möglichkeit der Struktur, der sozialen Schichtung, der Zeit, der Not, der Aufgabe. Das tun alle; Franziskus tut mehr: er übersetzt nicht, sondern vergegenwärtigt. Wer an ihn gerät, muß an Christus denken. Das könnte den Verdacht erwecken, Franziskus spiele Jesus, stelle Ihn dar. Man braucht aber nur kurze Zeit in seiner Nähe zu sein, um zu sehen, daß keiner von allem Gewollten freier war als er. Man könnte ihn geradezu den Natürlichen unter den Heiligen nennen - und es ist wieder ein bedeutungsvoller Hinweis, wenn etwas, das allgemein sein sollte, ihm in besonderer Weise eigen gegeben werden muß. Jeder Christ sollte natürlich sein, echt, wahr; Franziskus aber ist von einer so reinen Selbstverständlichkeit, daß man in Gefahr kommt, ihn zu unterschätzen; ihn, wie es ja oft geschieht, zum sorglosen Troubadour der Gottseligkeit zu machen. Vielleicht ist nichts schwerer zu verstehen, als das ganz Einfache und Natürliche; es macht die Härte des Kampfes, die Tiefe des Leidens, die Furchtbarkeit der Opfer vergessen, auf denen es ruht. Diese Natürlichkeit ist kein Anfang, sondern eine letzte Frucht der Gnade und der Überwindung. Daß Franziskus in so besonderer Weise zu dieser »Natürlichkeit« berufen; daß seine menschliche und religiöse

Veranlagung gerade auf sie hingeordnet war, macht sein Eigenes aus. Aus dieser Natürlichkeit heraus ist er Hinweis auf Christus.
Seine Gestalt ist so gebaut, sein Wort, seine Gebärde, sein ganzes Leben sind so geartet, daß sie unmittelbare Verwirklichungen des Evangeliums sind; buchstäbliche Nachfolge; schlichter Nachvollzug der Existenz Jesu ohne alle Abschwächung und Umdeutung - so daß Christi Antlitz selbst aus dem seinen herblickt; Christi Gebärde in der seinen deutlich wird. Ich kenne sonst keinen, von dem man dieses sagen könnte. Alle andern sind, soweit ich sehe, Übersetzungen des Herrendaseins in besondere Vorbedingungen und Umstände; Nachfolger aus dem Abstand der zeitlichen, persönlichen, gesellschaftlichen Besonderheiten. Daß sie das sind, ist ja ihr Großes. Wer würde es wagen, sich Christ zu nennen, wenn das Bild Christi nicht in den Stoff des ihm zugewiesenen Lebens übersetzt werden könnte? Dann bliebe ja nur die Wahl zwischen einer unmittelbaren Mimesis des Lebens Jesu, das heißt aber für die Regel einer Schauspielerei - oder einem verzweifelten Verzicht. Diese Übersetzung in den Stoff der Welt und des eigenen Daseins ist ja das Wesen des Christseins; und daß die Gestalt des Herrn in jede Möglichkeit des Menschlichen übersetzt werden kann, ist der Beweis dafür, daß Er der Logos ist, Urbild, Erlöser und Neugestalter der Schöpfung. Das Besondere des Franziskus aber, sein eigenstes Charisma, ist, daß er den einfachen Nachvollzug des Lebens und Lehrens Jesu geübt hat, glaubhaft, ohne Möglichkeit eines Zweifels.

Diese Gabe der unmittelbaren Christusverdeutlichung geht so weit, daß sie den, dessen Auge und Sinn nicht durch wirkliche christliche Bindung behütet ist, in eine verhängnisvolle Gefahr bringen kann, nämlich in Franziskus eine Wiederholung der Christussituation selbst, eine zweite Messiasexistenz zu erblicken und dadurch den Herrn »aufzulösen«. Wenn wir recht sehen, ist das die eigentliche Gefahr, welcher Sabatier erlegen ist - deshalb erlegen, weil er Franziskus so intensiv erlebt hat, ohne aber an Christus so zu glauben, wie Franziskus geglaubt hat. Für Sabatier war Christus wohl nicht der Sohn Gottes im reinen und strengen Sinne des Wortes; so mußte er jene einzigartige Christusähnlichkeit in Franziskus in einer Weise mißverstehen, die ihn von diesem tiefer trennt, als alle historische Verständnislosigkeit.

Den Eindruck, den Franziskus erweckt, kann man in viele Einzelzüge auflösen.

Da ist die reine Unmittelbarkeit seines Verhältnisses zu Gott, zur Welt, zu den Menschen. Die elementare Ursprünglichkeit, mit welcher er Sohn des Vaters im Himmel ist - nicht nur »Kind«, sondern »figlio«, Sohn, bei dem die schrankenlose, liebende Hingabe zugleich den Charakter mündiger Reife und Verantwortung hat - und Bruder des Menschen und Mitgeschöpf aller Kreatur. Daß er so ganz und von vornherein »darin« ist, »dabei«, ohne Wand und Grenze, ohne Mittel und Übersetzung, gibt seinem Wesen den Charakter der reinen Nähe. Jeder fühlt

sich von ihm unmittelbar gesehen, erkannt, angesprochen . .
Da ist die Ursprünglichkeit seiner Sendung. Niemand hat ihm gesagt, was Gott von ihm will. Keiner hat ihm den Inhalt seines Lebens zugewiesen. Immer wieder betont er, daß Gott selbst, Christus selbst ihn belehrt hat. Er weiß sich Theodidakt, im reinsten Sinne des Wortes - ohne doch darüber mit der Instanz, die als Autorität, als Wahrerin und Deuterin der Botschaft Christi gesetzt ist, der Kirche, in Widerspruch zu geraten. Daß er sie nie, auch nur mit einem Gedanken oder mit einem Gefühl in Frage gestellt hat, bedeutet keine mittelalterliche Gebundenheit; nicht kindliche Anpassung; nicht die Unbewußtheit des religiösen Genies, das groß genug ist, um selbst nicht zu wissen, wie wenig es einer Kirche bedarf, oder wie immer man versuchen könnte, den heiligen Franziskus mißzuverstehen. Er hat die Kirche nicht nur noch angenommen, oder noch nicht in Frage gestellt, sondern sie aus tiefster Erkenntnis bejaht. Die Unabhängigkeit und Gottbelehrtheit, von welcher hier die Rede ist, ist die katholische . Jene, die zur Kirche nicht in Widerspruch, sondern in lebendiger Spannung steht und schon im Bewußtsein der Wiedergeburt gegeben ist; denn wiedergeboren wird jeder Mensch als der Einzige und Einzelne, zwischen dem und Gott nichts steht, zugleich aber als Glied der Kirche, die für ihn, wie für alle andern die christliche Ganzheit und Autorität bildet . . Diese Unmittelbarkeit bringt in das Wesen des heiligen Franz die wundervolle Frische, das Neu-Sein, die

Anfanghaftigkeit. Man glaubt seinem Wort, weil es nicht nachspricht. Sein Tun kommt aus der ersten Quelle und zeugt mit der Evidenz des ursprünglichen Seins für sich selbst..

Da ist das Stehen in der Vorsehung. Wer sich in die Bergpredigt vertieft, in die Parabeln Jesu, in seine Lehre von der Vorsehung, worin »dem Menschen, der das Reich Gottes und seine Gerechtigkeit als erste Sorge setzt, alles übrige dazugegeben wird«; wer die daraus geführte Existenz nicht als Märchen, sondern als ernsthafteste Wirklichkeit verstehen will, kommt immer wieder zu Franziskus - vorausgesetzt freilich, daß er diesen selbst nicht als Legendenfigur und Lyrik, sondern christlich ernst nimmt. An ihm wird sichtbar, daß für den, der das Reich Gottes als Erstes setzt, die Dinge sich wirklich verändern. Das Dasein wandelt sich. Die Vorsehung zeigt sich als ein Zustand der Dinge, als eine Weise des Geschehens. Nicht nur im Sinne einer Befriedung des Daseins, sondern eines von Gott her sich ereignenden und durch den Menschen, um den her es sich ereignet, glaubhaft gemachten Neuen..

Bis zu der erschütternden und unseren Unglauben beschämenden Einfalt, mit der er wörtlich nimmt, was »geschrieben steht«, weil es für ihn, Franziskus geschrieben ist. Jedes Wort der Schrift ist an ihn gerichtet - reines Ernstnehmen der Offenbarung und des Gotteswortes, das durch eine ebenso reine Unfehlbarkeit des inneren Gehörs unterstützt wird, kraft deren ihm immer nur das ins Ohr kommt, was ihm wirklich zubeschieden ist..

Die letzte Bestätigung dieser Ähnlichkeit mit Jesus ist die Stigmatisation: Jenes furchtbare und göttlich-süße Ereignis vom Berge La Verna. Jenes einsame Gegenüber, das in so geheimnisvoller Parallele zu dem von Gethsemane steht. Jener letzte Vollzug der Christus-Inexistenz, worin die Ähnlichkeit mit dem Herrn bis ins Plastisch-Körperliche durchbricht. So wenig religiöse Spezialität, so fremd allem Krankhaften, so echt und »natürlich«, daß sie förmlich als die letzte Vollendung seines Bildes erscheint.

Noch von etwas anderm müssen wir sprechen, das schwer auszudrücken ist, und ich bitte den Leser, nicht die einzelnen Worte und Sätze drängen zu wollen, sondern ihnen zu helfen, daß das Gemeinte herauskommen könne. Die Christusähnlichkeit des heiligen Franziskus geht bis in die letzte Wurzel des Schicksals zurück, das der Herr und sein Diener erfahren. Jesus hat ein Schicksal gehabt. Gott hat es gehabt in ihm. Im Leben Jesu ist nicht nur einfache Offenbarung geschehen, Belehrung, Wegweisung. Da ist nicht nur nach göttlich feststehendem Kanon die Erlösung vollzogen worden, sondern der Sohn Gottes ist in die Geschichte eingetreten; in das Reich der Freiheit, wo die Dinge nicht geschehen, wie sie müssen, sondern wie sie gewollt werden; wo geschieht, was nicht geschehen dürfte, und doch ist es dann in der Welt und wirkt weiter. Als Jesus kam, brachte Er die Stunde des anlangenden Reiches Gottes. In der »Fülle der Zeit« öffnete sich die unendliche Möglichkeit, daß sich die messianischen Weissagungen verwirklichten. Das Reich Gottes konnte in offener, endgültiger Wirklichkeit anlangen und die Geschichte verwandeln. Dazu mußte es aber in der Freiheit des Glaubens und der Liebe angenommen werden, und das geschah nicht. Daraus kam Jesus sein Schicksal. Die Erlösung hätte durch die Annahme der Botschaft in Glaube und Liebe vollzogen werden können; diese wurde aber nicht angenommen. Doch Gott war treu; sein Erlösungswille blieb unerschütterbar, so ging die Erlösung nun durch Jesu Tod. Das Reich Gottes war in seiner offenen Endgültigkeit nicht gekommen; nun wurde es in die Enge und Unzulänglichkeit einer Geschichte eingeschlossen, welche das Unrecht der Ablehnung, die Sünde am Messias in sich enthielt - freilich auch die unendliche Liebeshingabe des Todes Christi. Er hätte nicht eintreten sollen; und dennoch, nachdem er eingetreten ist, müssen wir mit Augustinus sagen, daß darin Größeres geschah, als wenn der Glaube der Menschen dem Herrn den Tod erspart hätte. Die letzte und vollkommene Offenbarung der Liebe Gottes geschah durch das, was niemals hätte geschehen dürfen. Daß Christus im Tode verstummen mußte; daß sein Wille, die unendliche messianische Möglichkeit des offenen Gottesreiches zu verwirklichen und die Welt in der Macht des Heiligen Geistes umzuwandeln, nicht erfüllt werden konnte; daß alles in ein unausdenkbares Opfer eingehen mußte - das lebt nun weiter in der christlichen Geschichte als deren Herzgeheimnis und Herzkraft.

Wenn wir uns nicht täuschen, hat Franziskus auch

dieses Geheimnis erlebt und mitvollzogen, wie keiner sonst. Davon, wie weit man dies versteht, hängt aber dann das Verständnis seines ganzen Daseins ab. Er hat wohl ursprünglich nicht einen Orden gewollt, in dem Sinne, wie ein Benedikt oder Bernhard. Was er eigentlich gemeint hat, ist wohl ein lebendiger Zustand der Christenheit gewesen. Darin sollte ein engster Kreis stehen, von denen gebildet, welche die unmittelbare Nachfolge Jesu übten. Um sie her die Andern, die in Familie, Besitz und Beruf standen, aber aus der Glut jenes Herdes umgewandelt waren. Die Begriffe des ersten, zweiten und dritten Ordens waren wohl Hilfsvorstellungen, mit denen etwas Neues gemeint wurde. Dieses Neue scheint aber nicht anders angesprochen werden zu können, als mit dem Namen »Reich Gottes«. Vielleicht sagen wir behutsamer: es sollte sich zum offenen, geschichtsverwandelnden Gottesreich der messianischen Möglichkeit so verhalten, wie die Nachfolge zum Urbild. Auch es hat sich aber nicht verwirklicht. Die Härte der Geschichte hat es nicht erlaubt, und Franziskus hat in ein Opfer von einer Einsamkeit und Schwere eingehen müssen, die Gethsemane und Golgatha mitvollzog. *Davon* sind die Stigmen der körperliche Ausdruck.

Es ist eine Oberflächlichkeit und ein Unrecht, sein Schicksal nach dem Schema zu denken, worin auf der einen Seite der hochgemute, unbedingte und freie Mensch, das Gotteskind in seiner Unmittelbarkeit steht - auf der andern Seite die etablierte geistliche Gewalt, die auf Wahrung ihres Rechtes und ihrer

Herrschaft bedachte Autorität. Wenn das Schema zutrifft, hat Franziskus Schiffbruch erlitten. Dann ist er entweder der absoluten Tragik erlegen, die für den reinen, gottunmittelbaren Menschen aus der Enge und Härte des Daseins kommt - oder er ist zu schwach gewesen, um die Bande zu zerreißen, die er hätte zerreißen sollen. Dann ist er entweder eine Offenbarung der unentrinnbaren Tragik des außerordentlichen Einzelnen - oder ein mißglückter Reformator. Beides macht Franziskus unverständlich. Er kann nur aus einer größeren, nein aus der letzten Tiefe verstanden werden: Aus dem Mitvollzuge des Opfers, das Jesus Christus vollbracht hat, der Sohn Gottes, der »alles wußte«.

Sein Leben ist nur als ein Opfer tiefster Einsamkeit in Christus zu verstehen. Was aus seinem Werk wurde, war nicht das, was hätte werden können. Es bekam jenen Charakter der Eingeschränktheit, den alles Christliche trägt, nachdem die messianische Möglichkeit nicht angenommen worden ist. Aber in ihm lebte das Opfer des heiligen Franziskus weiter. Franziskus scheint anders in seinem Werke zu stehen, als ein Benedikt oder Bernhard oder Dominikus. Das Verhältnis ist rätselhaft und bringt den Betrachter in Gefahr, es tragisch oder protestantisch mißzuverstehen. Wenn wir recht sehen, lebt Franziskus in einer Weise darin weiter, welche nachfolgend mitvollzieht, wie Christus in der christlichen Geschichte weiterlebt. Er ist Urheber, er ist Stifter, er ist lebendiges Urbild - aber in der Form des Opfers; so daß es sich an jeder Stelle auf ihn berufen kann und dennoch an jeder Stelle an ihm ihr Gesicht findet.